A69 RUČNÍ PRÁCE

ISBN 978-80-7437-292-6

Dne 5. dubna 1994 byla na majetkoprávní odbor Městského úřadu Františkovy Lázně odeslána žádost o pronájem nebytových prostor v zadním traktu Anglické ulice č. 133 (130 m^2). Její zdůvodnění znělo: „Rádi bychom otevřeli ve Františkových Lázních architektonickou kancelář. Chceme se stát týmem mladých architektů, který by navázal na tradici časů, kdy město kráčelo tempem doby s vědomím pokory k historické tradici a přírodě. Časů, kdy každý byl nadchnut myšlenkou vztyčit nové město z bažin. Předem děkujeme za kladné vyřízení. S pozdravem Boris Adler Redčenkov a Prokop Glauber Tomášek."

Žádosti bylo vyhověno. Architekti Boris Redčenkov a Prokop Tomášek, kterým ještě nebylo ani pětadvacet, se mohli nastěhovat do své první opravdové kanceláře v přístavku činžovního domu uprostřed Anglické ulice. Bylo to určitě lepší než předchozí přechodný azyl v jedné pronajaté místnůstce mateřské školky. Ona prostřední jména, jež uvedli na žádosti, nejsou smyšlená, jak by se mohlo nezasvěcenému člověku na první pohled zdát, ale úzce se vztahují k městu, kde si umínili architekti pracovat, aby napomohli k jeho oživení. Doktor Bernard Vincent Adler v osmnáctém století zakládal zdejší slavné lázně a podle Johanna Rudolfa Glaubera, chemika a alchymisty žijícího v sedmnáctém století, byly zase nazvány hned čtyři vydatné léčivé prameny. Ve stručném dopise si můžeme povšimnout patosu, nadsázky, sebeironie, ale také neskrývané ambicióznosti, které jsou pro tyto architekty dodnes typické. Tenkrát právě úspěšně dokončili studium na Fakultě architektury pražského Českého vysokého učení technického a odmítli pracovat v již zavedené architektonické kanceláři, jak bylo tehdy zvykem, aby architekti získali zkušenosti. Namísto toho se rozhodli udělat se pro sebe. Uvědomili si, že chtějí-li pěstovat autorskou tvorbu, tak je nezbytně nutné mít ji pod naprostou kontrolou. Té by však nikdy nedosáhli, pokud by se stali zaměstnanci, protože by na ně zbyly jen dílčí úkoly. Přes varování starších kolegů opustili metropoli a vypravili se do pohraničí.

Boris Redčenkov se vracel domů, ve Františkových Lázních prožil celé dětství a dospívání. Na rozdíl od něj šel Prokop Tomášek do nového: narodil se v Liberci, nicméně nešlo o úplně neznámé prostředí, protože Liberec, stejně jako Františkovy Lázně, byl městem, které po odsunu Němců muselo najít svou poválečnou identitu a novou podstatu. V roce 1997 se k Borisovi a Prokopovi přidává Jaroslav Wertig, který se také, podobně jako Boris Redčenkov, vracel domů. Ateliér A69 architekti, kde devětašedesátka v jeho názvu znamená rok narození všech tří hlavních aktérů, byl kompletní.

To, co mohlo zpočátku vypadat jako pošetilé, pohříchu romantické gesto, se poměrně rychle projevilo jako správné rozhodnutí. Mladí architekti dokázali, že svoje konání měli dobře promyšlené. Teoretici zbystřili a začali se zajímat, co se v nevelkém výběžku země, vklíněném mezi Bavorsko a Sasko, děje. Ve Františkových Lázních společně vytvořili svoje první zásadní práce, které naznačily jejich příští směřování: zabývali se veřejným prostorem (revitalizace Anglické ulice), dali podobu modernímu sanatoriu (Dr. Peták), ale postavili také zajímavé vily. Další vlastní návrhy zhmotnili v Chebu, Karlových Varech, ve Staré Roli nebo v Ostrově a věrnost regionu potvrzovali i poté, co se odstěhovali do Prahy. Pakliže se říká, že doma není nikdo prorokem, tak Boris Redčenkov, Prokop Tomášek a Jaroslav Wertig jsou výjimkou z jinak ověřeného pravidla. Sudety se staly navždy součástí jejich osobní mytologie.

Tvorba A69 je přesvědčivá i z pohledu zvenčí. Podle respektovaného slovenského architekta a teoretika Imro Vaška se architektům „povedlo prolomit klišé střídmosti a neoprávněné nudy a vrátit českou architekturu z lokální šedé sebezahleděnosti do mezinárodního kontextu, kam v minulosti vždy patřila. Barokní uvolněnost, funkcionalistická revolučnost, modernistická odvážnost, kinematografická imaginativnost, lidová ironičnost a intelektuální veselost jsou historicky zakódované genetické vlastnosti Čechů, které devětašedesátka dokázala odemknout pro architekturu." (katalog *Remixy*, 2008, s. 10) Vaško dále na počínání A69 oceňuje zejména aktuálnost, atraktivnost — a komunikativnost. Jako jedni z prvních v Česku si totiž uvědomili, jak důležité je představovat a vysvětlovat svoje dílo širší veřejnosti. Na začátku jednadvacátého století jenom málokdo chápal nezastupitelnost této profese, architektura dosud nebyla přítomna v mainstreamových médiích, nebyla aktuálním tématem, o němž by se vedla zasvěcená diskuse. V informačním věku už se nedá spoléhat jenom na kvalitu své tvorby, ale je třeba umět dát o sobě vědět. Primární je pochopitelně silné dílo, jinak se jedná o prázdnou bublinu, která brzy praskne. K tomu, aby se prosadili, začali využívat marketing, public relations, byli vstřícní vůči médiím. Oproti svým vrstevníkům získávali náskok i proto, že byli vidět — pozdější generace architektů už budou vědět, že se jedná o nezbytnou věc. Jejich tvorba se už od začátku objevuje v odborných, následně i ve společenských časopisech, ale také v nejrůznějších oborových přehledech.

Vytvořili si vlastní image. Na fotografiích jsou zachyceni většinou v černém, tváří se přísně, sebevědomě, připomínají rockery. Ostatně, k hudbě mají vesměs blízko, na preference jednotlivých členů A69 upozornil Jaroslav Wertig: „Prokop Tomášek je rocker, pravidelně vystupuje se svou elektrickou kytarou a bubeníkem. Boris je bývalý folkař, s akustickou kytarou stíral rosu na kolejích. A já jsem strávil pubertu svíjením se na diskotékách." (Martina Riebauerová, Marek Toman, *Osud a úspěch*, Gasset 2018, s. 14) Hudební vkus vyjadřuje jejich osobností nastavení, každý je jiný. Při pohledu zvenčí Redčenkov představuje klidnou sílu, systematičnost, vyrovnanost a empatii. Tomášek zase působí jako bohém uměleckého ražení, který má neobyčejné kreslířské a malířské schopnosti. Jeho způsob ztvárnění návrhů se stal jedním ze základních identifikačních prvků, lze hovořit o výrobní značce A69. Wertig zase vystupuje jako mluvčí, který trojici reprezentuje při kontaktu s médii. Dokáže slovně perfektně formulovat, je uznávaným autorem kritických textů: není bez zajímavosti, že se stal nejmladším architektem, který kdy dostal příležitost editorsky sestavit ročenku české architektury (2003).

Svoje mínění prosazují u každého projektu ve velmi živých diskusích. Názor, který se ukáže jako nejlepší, je po sérii dalších oponentur rozpracován až k realizaci. Projekt má následně svého lídra, který za něj ručí, jedná s klienty a dotahuje do závěrečné fáze. Dělají to tak soustavně. A ačkoliv nejde o idylické rozpravy, výsledek přijímají s pokorou. Pakliže je výsledkem kompromis, na vyznění projektu to není znát. „Nikdy nemáme na věc stejný pohled, vždycky je tam rozpor," přibližuje Jaroslav Wertig hledání tvůrčích konceptů. „Snažíme se navzájem přesvědčit. Ale i když mě to vždycky trápí, i když je ta konfrontace pokaždé bolestivá, tak mě nikdy neponíží. Když si představím, že bych pracoval u nějakého staršího architekta, vždycky bych pochyboval, jestli se jeho pravda neopírá jen o jeho autoritu." (Martina Riebauerová, Marek Toman, *Osud a úspěch*, Gasset 2018, s. 14) Boris Redčenkov se zmínil o specifičnosti fungování tříčlenného týmu ve své habilitační přednášce: „Výsledky naší práce z mého pohledu nejsou sourodé a v zásadě ani sourodé být nemohou, jelikož výsledek je průsečík tří názorů, které se prolínají a ovlivňují se ve vzájemné diskuzi. Nejsme v důsledku racionální architekti, kteří dokážou své myšlenky třídit a vytvářet jasnou metodiku navrhování." (Boris Redčenkov, habilitační přednáška na téma: *Interpretace místa pro vlastní architektonický návrh*, FA ČVUT, 12. května 2019)

Přiznání názorové nesourodosti ale neznamená, že by architektura A69 postrádala styl, čímž myslíme příznačný, zřetelně artikulovaný a snadno rozpoznatelný architektonický projev vyplývající z jistoty výrazu. Sledujeme svrchované začlenění stavby do svého okolí, hledání a objevování širších souvislostí, které do hloubky analyzují. Výraz se zpřesňuje, rozvíjí se s každým novým úkolem. Dosahují čistých kompozic, proporcí, jejich stavby jsou pokaždé velmi elegantní, oscilují mezi expresivním a minimalistickým pojetím, často ale sahají k organickým tvaroslovím. Na jejich realizaci používají tradiční materiály, nelibují si v extravagancích za každou cenu. Platí však, že se neradi opakují, protože vědí, že opakováním se i ta nejpronikavější myšlenka devalvuje, rozmělňuje a nakonec rozplývá do nicoty. Na nejrůznějších domácích soutěžích získali více než dvě desítky ocenění, třikrát byli vyzváni, aby reprezentovali Česko na Ceně Evropské unie za současnou architekturu.

Jakkoliv jsou povahově odlišní, dohromady tvoří kompaktní tým. Po počátcích ve Františkových Lázních si otevřeli ateliér v Chebu, posléze, když přibyly větší zakázky v Praze, střídali Cheb s metropolí, vždy od pondělí do čtvrtka pobývali v pražské kanceláři a na víkend se zase vraceli do pohraničí za rodinami. Cesta se stala naprosto běžnou součástí jejich existence. Mimo domov žili ve spartánských podmínkách, které byly dalece vzdáleny představám o hvězdném týmu nové české architektury. Až v roce 2009 neustálé pendlování a únavný životní styl spojený s cestováním, končí. Může to mít i určitou souvislost se středním věkem. Architekti se ve čtyřiceti letech natrvalo stěhují do hlavního města. Usídlují se v Braníku, kde si jednak adaptují dům, v němž mohou ve třech samostatných bytových jednotkách pohodlně bydlet a zařizují si velkou kancelář. Přes vzájemnou blízkost netrpí ponorkovou nemocí, která vedla k rozpadu několika ambiciózních seskupení, jsou dokonce schopni spolu trávit společné dovolené, plaví se po mořích na plachetnicích, aniž by k tomu byli nuceni. Jsou dobře osobnostně nastaveni, navzájem se podporují, úspěch jednoho je úspěchem všech tří, takže odpadají frustrace. Dodržují však zásadu, že když jsou doma, tak nemluví o práci, naštěstí existuje dost jiných témat, která je potřeba probrat, protože v ateliéru na ně pochopitelně nebyl čas. Nejsou jenom kolegové. Jsou přátelé. V opačném případě by spolu jenom těžko mohli vydržet celé čtvrtstoletí: žádné jiné „trojhlavé“ architektonické studio spolu nevydrželo tak dlouho, což je pozoruhodná skutečnost.

Ačkoliv A69 architekti začali tvořit v polovině devadesátých let dvacátého století, kdy se do navrhování již v hojnější míře dostávají počítače, prvotními zdroji pro uvažování a rozvoj návrhu byly a zůstávají kresby. Na samém počátku je tudíž klasická ruční práce, která je dostatečně názorná, aby vnímateli umožnila učinit si představu o budoucí stavbě, ale zároveň nechce působit definitivně, ponechává možnost dalšímu případnému rozvíjení nastoleného tématu. Vizualizace, které se snaží přijít s naprosto věrným obrazem budoucí architektury a které jsou k nerozeznání od fotografie (takže si nejsme jisti, jestli se díváme na již existující nebo teprve chystanou stavbu), jsou naopak ve smyslu představivosti uzavřené. Proces vývoje návrhu sice urychlují, ale nikoliv zkvalitňují, neboť k výsledné formě se díky digitálním technologiím dospívá skokem, bez mezistupňových fází, které jedině průběžné skicování krok za krokem rozvíjí a zpřesňuje.

Kresby, ony prvotní zdroje, jsou fixovány na volných listech papíru formátu A5 nebo A4, ale také na větších „šmírácích“ (A3 nebo A2) či na stránkách různě velkých výtvarnických notesů. Skici prezentované v knize byly vybrány z více než tisícovky kreseb uložených v archivu A69 architektů. Dá se na nich sledovat rozpětí tvorby, jakož i zvládání nejrůznějších, často odlišných úkolů. Seriózně se zabývají veřejnými prostory, ulicemi, pěšími zónami, nábřežími řek či krajinou, ale zvládají také urbanismus rozsáhlých území. Dokáží se vcítit do organismu sídel, jsou schopni dodat jim chybějící logiku, zpevnit jejich nesourodost a současně ponechat dostatek volnosti mezi stavbami, aby mohlo dojít k proudění energie. Do měst vracejí blokovou zástavbu, kterou modernisté opustili: architekti A69 jsou přesvědčeni, že bez bloků vytvářejících ulici, jak to bývalo po staletí zvykem, se města proměňují v jakousi rozptýlenou, těžko uchopitelnou periferii. Stejně tak mají v portfoliu širokou škálu staveb sloužících bydlení, od rodinných domů přes domy řadové, bytové až po reprezentativní vily nebo luxusní rezidenční areály. Vědí, jak má vypadat moderní lázeňský dům. Se samozřejmostí se pohybují v odlišných měřítkách, ale pokaždé vnímáme výrazný cit pro detail a soulad všech částí vedoucí k přehlednému architektonickému celku.

Kresby nás nepřestávají fascinovat. Jsou pro nás vodítkem a oporou. Spojení mezi rukou, držící tužku či štětec, a mozkem má pořád svoji platnost, především proto, že je čímsi naprosto přirozeným, jedná se o interakci, která má za sebou tisíce let vývoje. V architektuře byla kresba odjakživa základním vyjadřovacím prostředkem. Karel Hubáček v jednom interview připomněl, že pohyb tužky je do jisté míry nezávislý na mysli: „Když třeba udělám čáru na čtvrtce papíru, tak za ni nemůžu. Ale na začátku je vždycky nějaká čára a já musím posoudit, jestli stojí za to ji rozvíjet, nebo zkusit jinou. To je ze všeho nejtěžší… Než se mi zalíbí, zničím spoustu papíru. Některé schovám a vrátím se k nim s odstupem. Jakmile zjistím, že myšlenku už nedokážu ztvárnit lépe, najdu schovanou kresbu a použiju ji.“ (Petr Volf, *Na začátku je čára*, Paseka 2003, s. 44) V ozvěně Hubáčkových slov zaslechneme nejenom zvuk pohybu tužky po papíru, vedení čáry a její opravy, ale také šum muchlaných archů, které se nepovedly a skončily v koši. Představujeme si, že některé nápady jsou ze šuplíku opět vytaženy, protože architekt dospěl k tomu, že nejlepší řešení bylo naznačeno už v prvním tahu.

Obdobně v sílu tradiční kresby věří švýcarský architekt a nositel Pritzkerovy ceny Peter Zumthor. Schopnost kresby považuje za specifickou tělesnou dovednost, za druh intuitivní inteligence, která je uložena v rukách. Protože Zumthor hraje tenis, připodobňuje ji k inteligenci používané tenisty, která nespočívá jenom v hlavě, ale prostupuje celým tělem: „Jako architekt bych chtěl tuto intuitivní inteligenci těla využít, a to tak, že rukou kreslím a rukama stavím modely. Najednou mi přitom do návrhu vklouzne něco, o čem ještě ani nevím, co to je. Často pak zjistím, že tělo, ruka, prst věděly víc, než věděla hlava. Často se takto něco nekontrolovatelného dostane na papír nebo do modelu.“ (Petr Volf, *Baráky v hlavě*, Gasset 2013, s. 195) Mystériem kresby se ve svých teoretických úvahách zabývá také finský architekt a teoretik Juhani Pallasmaa, který o něm napsal rozsáhlé pojednání příznačně nazvané *Myslící ruka*. „Když člověk skicuje představovaný prostor nebo objekt, tak ruka, která je skicou zprostředkovává, přímo a decentně spolupracuje a vzájemně působí s duševním obrazem.“ Jedná se o úkaz, jenž až skoro člověka přesahuje a vzpírá se racionálnímu uchopení. Svoji úvahu končí Pallamaa slovy: „Je nemožné vědět, co se urodilo první, jestli linka na papíru, myšlenka nebo vědomí úmyslu. Určitým způsobem může obraz namalovat sám sebe pomocí lidské ruky.“ (Juhani Pallasmaa, *Myslící ruka*, Archa 2012, s. 94)

Prokop Tomášek zažívá při skicování podobné stavy jako jeho starší kolegové: „Nejsilnější je pocit, když dochází ke vzájemné interakci. Nikdo neví, kam čára poběží, dokonce ani čára to neví.“ (Ján Stempel, Jan Jakub Tesař, *Skici*, KANT 2015, s. 192) Některé jeho skici bychom mohli považovat za svébytná výtvarná díla, jež mohou — odmyslíme-li jejich primární užitkovost — existovat samostatně. Stačí je zarámovat a vystavit v neutrálním prostředí. Překvapující je jejich standardně velmi vysoká kvalita, ale také živost, proměnlivost a žánrová pestrost. Jako bychom měli před sebou vzorník nebo učebnici architektonické kresby. Dotýkají se čehosi jen podprahově tušeného. Romantické krajiny, do nichž jsou například umístěny soubory domů, nás zase jako by přivádějí na stránky dobrodružných knih, které jsme četli jako děti a svoje představy konfrontovali s velmi živými ilustracemi. Když vidíme dřevěný dům nad jezírkem vzniklým po těžbě v žulovém lomu, tak tuto vizi, která byla i realizována, bereme až jako svého druhu archetypální scénu pocházející z našeho podvědomí. O takovém místě sníme, když hledáme klid v duši.

Není výjimkou, že jsou kresby doplněny schematickými plánky, podle nichž se můžeme orientovat v nově promýšleném prostoru. V kontrastu s takto „prokreslenými“ návrhy se nacházejí minimalistické kompozice, které jsou tvořeny výhradně soustavou rovnoběžných linií, jako je to patrné kupříkladu na studii fasády budoucího chebského bazénu. Skica se náhle podobá prodlouženému čárovému kódu, jenž je občas přerušen náznakem stínu postavy za skleněnou stěnou.

Prokop Tomášek uplatňuje techniku akvarelu, ale souběžně pracuje pomocí barevných tužek, obyčejných pastelek nebo olejových pastelů Gioconda, přičemž někdy kresbu doplňuje výstřižky z časopiseckých ilustrací, takže vznikají obrazové koláže. Na koláži je založena prezentace revitalizace Poohří v oblasti Chebu. Některé obrazy z tohoto souboru mají až surrealistický nádech a velmi sugestivně vyjadřují očekávanou atmosféru, v níž se snoubí pro danou oblast typická zádumčivost s optimismem nadějných vyhlídek, které chtějí architekti do opuštěného regionu přinést.

V širších souborech postupuje od základní situace, která se zdá jakoby ještě v mlhách, je naznačena prchavými tahy, kdy se sotva hrotem tužky dotýká podkladu. Pak přidává na intenzitě, prokresluje různé fáze rodící se formy, až dospěje k rozhodující variantě. V návrzích domů sledujeme práci s přirozeným světlem, které může v neobvyklé míře prostupovat vnitřky staveb. V souvislosti s rozmanitými perspektivami, často pojatými v nečekaném úhlu pohledu, vnímáme důsledné rozvíjení vztahu exteriéru a interiéru. A69 architekti si pro interpretaci této základní modernistické situace vytvořili vlastní systémy a poetiku, díky nimž získávají jejich stavby schopnost plnohodnotné existence v jakémkoli prostředí. Dokonce se zdá, že čím nevýhodnější situace pro návrh nastává, tím se dostavuje sofistikovanější a nečekanější výsledek, jako se to podařilo v případu vily ve Staré Roli, která dostala jméno *Ummagumma* — podle názvu dvojalba skupiny Pink Floyd z roku 1969.

Skici jsou pro analyzování architektonické tvorby nezastupitelné. Jsou jako čára života na ruce nebo otisky prstů, umožňují sledovat uvažování architektů a jejich tažení k rozhodující variantě, podle níž bude vznikat projekt. Cílem je udržet zamýšlenou podstatu skic i přes všechny možné složitosti, které nastávají během realizace. Podstatný prostor v knize je věnován Central Parku Praha, největšího rezidenčního projektu, jaký se doposud podařilo A69 architektům realizovat. Svou velkorysostí a zároveň soudržností nově definoval možnosti bydlení v jednadvacátém století: architekti dokázali skloubit urbanismus, architekturu i krajinnou tvorbu. V tomto smyslu byl Central Park přelomovým dílem. Skici ukazují nejenom dispoziční řešení, výhledy, průhledy či orientaci staveb, ale také zajímavý svět mezi věžemi, které byly pojaty jako vertikální vesnice, kde si může každý dopřát pohodlí vyplývající z rozlehlosti, členitosti a kompaktnosti areálu (takzvané kondominium). Vize slibných zítřků je na obrázcích evokována koláží objímajícího se páru, rodiči s kočárkem, ale také dívkou ve věži vychutnávající si výhled na metropoli. Výtvarně pojaté návrhy se po jejich dokončení převáděly do elektronické podoby, aby mohly být správně reprodukovány. Na některých jsou proto ponechány různé poznámky pro grafiky, jako kupříkladu varování při ladění některých specifických barev („Maličko zvětšit kontrast či jas“, „Pozor na tu zeleň, ať není kyselá“).

Architektura je vždycky odrazem doby svého vzniku a nejlepší tvůrci pak chtějí — ať už vědomě nebo prostě tím, že jsou dobří — vyjádřit její ideály. Anebo by měla usilovat o to, aby lidem dodávala v jejich každodenní existenci důstojnost, odvahu a jistotu, jak o tom hovoří architekta Alena Šrámková. A69 dělají architekturu osobitou, důmyslnou, přesnou, transparentní, sebevědomou, utěšenou, harmonickou — a krásnou. Bez jakékoliv pochybnosti můžeme konstatovat, že jde o přímý výsledek poctivé ruční práce. Papír je médium prověřené staletími. Víme, jak se chová a co mu škodí, oceňujeme jeho stálost. Listujeme knihou a vnímáme vůni, kterou vyzařuje. U nových médií jsme v tomto ohledu teprve na začátku a jenom se domníváme, jak se digitální soubory budou jednou chovat. Dokud budeme schopni naslouchat zvuku tužky běžící po listu skicáku, tak si můžeme být jisti, že jsme nesešli z cesty.

Petr Volf

On April 5, 1994, an application for the lease of non-residential premises in the rear wing of no. 133 Anglická Street (130 m^2) was sent to the Property Department of the Municipal Office of Františkovy Lázně. The application stated: "We would like to open an architectural office in Františkovy Lázně. We want to become a team of young architects that will build on the tradition of the times when the city kept pace with the times, with deference to historical tradition and nature. The times when everyone was excited by the idea of erecting a new city from the swamps. Thank you in advance for your positive response. Sincerely, Boris Adler Redčenkov and Prokop Glauber Tomášek."

The request was granted. Architects Boris Redčenkov and Prokop Tomášek, who were not yet twenty-five, could move into their first real office in an addition to an apartment building in the middle of Anglická Street. It was certainly better than their previous temporary asylum in a tiny, rented room at a preschool. The middle names they filled in on the application are not fictional, as might see to the uninitiated at first sight, but rather are closely related to the city where the architects intended to work to bring about its revival.

The famous spa town was founded in the eighteenth century by Dr. Bernard Vincent Adler, and according to Johann Rudolf Glauber, a seventeenth-century chemist and alchemist, four strong healing springs were named. In the brief application letter, we can discern pathos, exaggeration, and self-irony, but also the openly-stated ambitions that remain typical of these architects today. At that time, they had just successfully completed their studies at the Faculty of Architecture at the Czech Technical University in Prague and refused to work in an already-established architectural office, as was customary at the time for architects to gain experience. Instead, they decided to create it for themselves. They realized that if they wanted to create their own original work, then it would be necessary to have absolute control over their work. And this they could not achieve if they became employees, because they would only be given component tasks. Ignoring the warnings of older colleagues, they left the metropolis and headed for the borderland.

Having spent his entire childhood and adolescence in Františkovy Lázně, for Boris Redčenkov this was a homecoming. Unlike him, Prokop Tomášek, born in Liberec, was heading into new territory, but not necessarily a totally unfamiliar environment. Like Františkovy Lázně, Liberec was a city that had had to find its post-war identity and a new essence after the expulsion of the Germans. In 1997, Boris and Prokop were joined by Jaroslav Wertig, who, like Boris Redchenko, was also returning home. Studio A69 Architects, where the sixty-nine in its name represents the year of birth of all three main protagonists, was now complete.

What might initially appear to be a foolish, lamentable romantic gesture, quite quickly turned out to be a good decision. The young architects showed that their actions had been well thought out. Theorists metaphorically pricked up their ears and began to show interest in what was happening in this small outcrop of the country, wedged between Bavaria and Saxony.

The young architects created their first major works together in Františkovy Lázně, which indicated their future direction: they dealt with public space (the revitalization of Anglická Street), gave shape to a modern sanatorium (Dr. Peták), but also built striking villas. They executed other designs in Cheb, Karlovy Vary, Stará Role and Ostrov, and they continued to show their loyalty to the region even after they moved to Prague. If it can be said that "No one is a prophet in their own land", then Boris Redčenkov, Prokop Tomášek and Jaroslav Wertig are an exception of an otherwise proven rule. The Sudetenland became forever part of their personal mythology.

The work of A69 is convincing from the outside as well. According to the respected Slovak architect and theorist Imro Vašek, the architects "managed to break the cliché of moderation and unjustified boredom and pull Czech architecture out of its local gray self-preoccupation into the international context where, in the past, it always belonged. Baroque ease, functionalist revolutionality, modernist courage, cinematographic imaginativeness, folk irony and intellectual cheerfulness are the historically encoded genetic characteristics of Czechs, which the 'A69-ers' were able to unlock for architecture." (*Remixy*, 2008 catalog p. 10) Vaško also appreciates the currency, the attractiveness — and the effusiveness in the work of A69. They were among the first in the Czech Republic to realize the importance of presenting and explaining their work to the wider public. At the beginning of the twenty-first century, few people understood the irreplaceability of this profession — architecture had not yet been present in the mainstream media; it was not a topical subject on which an informed discussion was held. In the information age, one can no longer rely solely on the quality of his or her work, but must let the world know about it. Understandably, the most important thing is strong work, otherwise we're talking about an empty bubble that will soon burst. To assert themselves, they started to use marketing, public relations, and were media-friendly. They also got a jump on their peers by being visible — later generations of architects would know that this was a necessity. From the very beginning, their work appeared in professional journals, and subsequently also in lifestyle magazines, and in various field reviews.

They created their own image. In photos, they're usually captured wearing black, looking stern, self-confident, calling to mind rockers. And actually, they do have a close relationship with music. It was Jaroslav Wertig who pointed out the personal interests of the members of A69: "Prokop Tomášek is a rocker, who regularly performs with his electric guitar and a drummer. Boris is a former folk singer, who used live like a rolling stone, with no direction or home, just his acoustic guitar. And I spent my early teens at discos." (Martina Riebauerová, Marek Toman, *Osud a úspěch*, Gasset 2018, p. 14) Their musical tastes reflect their personalities, and each of them is different. From the outside, Redčenkov presents a tranquil force, a systematic nature, composure and empathy. Tomášek on the other hand comes across as an artistic bohemian, who is gifted with exceptional drawing and painting abilities. His design creating method has become one of the identifying elements, or, it could be said, trademark of A69. Wertig plays the role of spokesperson, who represents the trio in contact with the media. He can perfectly formulate ideas into words, is a recognized author of critical texts: it is notable that he became the youngest architect to be given the opportunity to compile an annual of Czech architecture (2003).

They each promote their own opinions on every project in very lively discussions. The opinion that wins out as the best idea is then, after a series of further challenges and examinations, elaborated all the way through to execution. The project subsequently has its leader, who is responsible for it, deals with clients and carries everything through to the final phase. They do this consistently. And although these discussions are no breezy, idyllic chats, they accept the result with humility. If the result is a compromise, it is impossible to tell from the appearance of the project. "We never have the same view of a thing — there is always disagreement." says Jaroslav Wertig, describing their process of looking for creative concepts. "We try to convince each other. But even though I always find it distressing, and even though that confrontation is always painful, it's never demeaning. I always imagine if I worked for an older architect, I would always be doubting, wondering whether his truth isn't merely based on his authority." (Martina Riebauerová, Marek Toman, *Osud a úspěch*, Gasset 2018, p. 14)

Boris Redčenkov mentioned the specificity of the functioning of the three-member team in his habilitation lecture: "In my view, the results of our work are not homogeneous and in principle cannot even be homogeneous, as the result is the intersection of three opinions that overlap and influence each other. As a result, this means we are not rational architects who are able to classify their ideas and create a clear design methodology." (Boris Redčenkov, habilitation lecture on *Interpreting a Site for Architectural Design*, FA CTU, May 12, 2019)

Acknowledging the disparity of opinion does not, however, mean that the architecture created by A69 is devoid of style-meaning a distinctive, clearly articulated and easily recognizable architectural manifestation resulting from a confidence in expression. We witness the autonomous integration of the building into its surroundings, the searching for and discovering of the broader context, which they analyze in depth. The expression is refined, evolving with every new task. They achieve pure compositions, proportions, their structures are always very elegant, oscillating between expressive and minimalist concepts, but often go back to organic morphologies. They use traditional materials for their implementation, and they do not revel in extravagance at all costs. However, they also do not like to repeat themselves because they know that by repetition even the most piercing thought is devalued, crushed and eventually disintigrates into nothingness. They have won more than twenty awards at various domestic competitions, and have been invited three times to represent the Czech Republic at the European Union Prize for Contemporary Architecture.

However different they are in their personalities, together they form a tight team. Following their beginnings in Františkovy Lázně, they opened a studio in Cheb, and then, as they received larger commissions in Prague, they alternated Cheb with the metropolis, always staying in their Prague office from Monday through Thursday and returning to their families in the borderland on the weekends. This commute became a regular part of their existence. Outside their homes, they lived in Spartan conditions, far removed from the imagined circumstances of a stellar team of the new Czech architecture. It was not until 2009 that the constant back and forth and the tiring lifestyle associated with constant travel came to an end. This may also have been related, to a certain extent, to the onset of middle age. Now in their forties, the architects settled permanently in the capital city. The chose the neighborhood of Braník, where they adapted a building in which they could live comfortably in three separate apartment units, and furnished a big office. Despite their mutual proximity, they don't suffer from the cabin fever or claustrophobia that over time has led to the break-up of numerous ambitious groupings. They are even able to spend their vacations together, sailing on the seas in sailboats, despite not having to do so out of necessity. Their personalities blend well, they support each other, and the success of one is the success of all three, so there are no frustrations. However, they adhere to the principle that when they are at home they do not talk about work, and fortunately there are enough other topics to discuss, because obviously, there is no time for these in the studio. They are not just colleagues, they are friends. Were this not the case, they could hardly have endured for a quarter of a century already. No other "three-headed" architectural studio has lasted this long, which is a remarkable fact in itself.

Although A69 began to create in the mid-1990s, just as computers were beginning to dominate in design work, the architects" primary sources for thinking about and developing a design remained hand-produced drawings. For them, in the beginning, there is always hand-drawn work that is sufficiently illustrative to give the viewer an idea of the future construction, while at the same time does not come across as definitive, leaving room for the possibilities of further development of the proposed topic. True-to-life visualizations that are virtually indistinguishable from photographs, on the other hand, provide such a detailed vision of the future architecture (making the view uncertain of whether they are looking at an existing or merely planned building) are closed off in terms of imagination. Although these tools accelerate the design development process, they do not improve it, since digital technologies give us the resulting forms in leaps, without the intermediate stages that only continuous sketching can develop and refine, step by step.

The drawings, the primary sources, are fixed on loose sheets of A5 or A4 paper, but also on larger "scraps" (A3 or A2) or on pages of various-sized sketchbooks. The sketches presented in this book were selected from more than a thousand drawings stored in the A69 Architects Archive. On them, one can see the span of their creative work as well as their handling of various, often diverse tasks. They deal solidly with public spaces, streets, pedestrian zones, river embankments and landscapes, but they also manage the urban planning for larger territories. They are able to empathize with the organism of a settlement, and are able to provide the missing logic, to strengthen their heterogeneity while at the same time leaving enough space between buildings to allow energy to flow. They bring the block development plan, which modernists had abandoned, back to cities. The A69 architects are convinced that without the blocks that create the street, as has been customary for centuries, cities are turning into agglomerations of scattered, difficult-to-grasp peripheries. Likewise, the portfolio includes a wide range of buildings used for housing, ranging from family homes to row houses, apartment buildings to representative villas or luxury residential complexes. They know what a modern spa building should look like. They work with clarity in different scales, but we always feel a strong sense of detail and harmony of all parts leading to a well-arranged architectural unit.

The drawings never cease to fascinate us. They provide both a guide and a support for us. The connection between a hand holding a pencil or a brush and the brain maintains its validity, mainly because it is something absolutely natural, an interaction that has thousands of years of evolution behind it.

In architecture, drawing has always been the fundamental means of expression. Karel Hubáček pointed out in one interview that the movement of the pencil is to a certain extent independent of the mind: "If I make a line on a sheet of drawing paper, I am not responsible for it. But in the beginning, there is always a line and I have to judge whether it is worth developing or I should try something different. That is the hardest part of all… Before I find something I like, I ruin a lot of paper. Some designs I put away and come back to them after a time. When I realize there is no better way to render the idea, I find the drawing I've put away and use that." (Petr Volf, *Na začátku je čára/In the Beginning, There is a Line*, Paseka 2003, p. 44) In the echo of Hubáček's words, we hear not only the sound of the pencil's movement on the paper, the line and its corrections, but also the rustle of the crumpled sheets that didn't work out and ended up in the wastebasket.

We imagine some ideas being pulled out of the drawer once again, because the architect came full-circle, back to the original, first line that presented the best solution.

Swiss architect and Pritzker Prize winner Peter Zumthor holds a similarly strong belief in the power of traditional drawing. He considers drawing ability to be a specific physical skill, a kind of intuitive intelligence that rests in his hands. Because Zumthor plays tennis, he compares it with the intelligence used by tennis players, not just in their heads but pervading their whole body: "As an architect, I would like to take advantage of this intuitive intelligence of my body, drawing by hand, and at same time I'm building models with my hands. Suddenly, while I'm designing, something slips into my design that I don't even know yet what it is." Often, I then discover that my body, hand, or finger knew more than my head did. Frequently, something uncontrollable makes its way onto the paper or into the model this way." (Petr Volf, *Baráky v hlavě, Buildings in My Head* Gasset 2013, p. 195) The mystery of drawing is also discussed by the Finnish architect and theorist Juhani Pallasmaa in his theoretical reflections, who wrote an extensive treatise on the subject entitled *The Thinking Hand*. "When a person sketches the presented space or structure, the hand that mediates these by means of the sketch directly and discreetly interacts and collaborates with the mental image." This is a phenomenon that almost overshadows the person and resists rational understanding. Pallama ends his consideration by saying, "It is impossible to know what which came about first, whether the line on a piece of paper, an idea or the consciousness of the intention. In a way, it is as if a picture paints itself using a human hand." (Juhani Pallasmaa, *The Thinking Hand*, Archa 2012, p. 94)

While sketching, Prokop Tomášek experiences states of mind similar to those of his older colleagues: "The most powerful feeling is when mutual interaction occurs. No one knows which direction the line will take, not even the line itself knows." (Ján Stempel, Jan Jakub Tesař, *Sketches*, KANT 2015, p. 192) Some of his sketches could be considered as unique artistic works, which could — if we discount their primary usefulness — exist independently. All that would be needed would be to frame and exhibit them in a neutral environment. Their standard, very high quality, and also their liveliness, variability and variety of genre are surprising. It is as if we had a sample book or a textbook of architectural drawing in front of us. They touch something only subliminally intimated. For example, romantic landscapes in which sets of buildings are placed, seem to carry us into the pages of adventure books that we read as children and confront our ideas with very vivid illustrations. When we see a wooden house above a lake that has resulted from mining in a granite quarry, we see this vision, which has actually been implemented, as a kind of archetypal scene coming from our subconscious. It is the kind of place we dream of when we seek peace of mind.

It is not unusual that the drawings are supplemented by schematic plans we can use to orient ourselves in the newly thought-out space. In contrast to these "detailed" designs, there are also minimalist compositions that consist solely of a set of parallel lines, as seen, for example, in the study of the facade of the future Cheb pool. The sketch suddenly resembles an extended barcode, which is sometimes interrupted by a hint of a figure's shadow behind a glass wall.

Prokop Tomášek uses the technique of watercolor, but at the same time he works with color pencils, ordinary crayons or Gioconda oil pastels, and sometimes the artwork is supplemented with clippings from magazine illustrations, thus creating picture collages. The presentation of the revitalization of the Poohří region in Cheb is based on a collage. Some of the paintings in this collection have a surrealist air and very suggestively express the expected atmosphere in which the typical somberness of the area combines with the optimism of the promising prospects that the architects want to bring to the abandoned region.

In wider ensembles he starts from the basic layout, which seems to be still a hazy indication created by fleeting strokes, where he barely touches the base with the tip of the pencil. He the increases the intensity, elaborating the various phases of the nascent form until reaching a decisive variant. In building designs, we observe his work with natural light, which can penetrate the interior of the buildings to an unusual extent. In the context of various perspectives, often conceived from an unexpected point of view, we perceive a consistent development of the relationship of exterior and interior. A69 Architects have created their own systems and poetics for the interpretation of this basic, modernistic layout, which gives their buildings the capability of a full existence in any kind of environment. It even seems that the worse a design situation arises, the better a more sophisticated and unexpected result presents itself, as in the case of the villa in Stara Rokle, which was given the name Ummagumma — after the title of a 1969 double album by Pink Floyd.

Sketches are irreplaceable for analyzing architectural work. They are like the life line on your palm, or fingerprints, allowing you to follow the architects' thinking and their push towards the decisive option that will create the project. The aim is to maintain the intended nature of the sketches, in spite of all the possible complexities that occur during implementation. Significant space is devoted in the book to Central Park Prague, the largest residential project A69 architects have executed so far. With its generosity and coherence, it redefined the possibilities of housing in the twenty-first century: the architects managed to combine urbanism, architecture and landscape design. In this sense, Central Park was a groundbreaking work. The sketches for this project show not only the layout, views, vistas or orientation of buildings, but also the interesting world between the towers, which were conceived as vertical villages, where everyone can enjoy the comfort resulting from the extensiveness, variability and density of the complex (the so-called condominium). The vision of promising tomorrows is evoked in the pictures through a collage featuring an embracing couple, parents with a pram, but also a girl in one of the towers enjoying the view of the metropolis. Once finished, the artistic designs were converted into electronic form so that they could be correctly reproduced. Therefore, on some we can still see various notes for the graphic designers, such as a caution when adjusting certain, specific colors ("Increase the contrast or brightness slightly", "Beware of that green, so that it's not acidic").

Architecture is always a reflection of the time in which it is created, and the best creators want — either consciously or simply by being good — to express its ideals. Or, as architect Alena Šrámková says, it should strive to give people dignity, courage and security in their daily existence. A69 creates architecture that is distinctive, sophisticated, accurate, transparent, confident, consoling, harmonious — and beautiful. Without any doubt, we can say that this is a direct result of honest manual labor. Paper is a medium that has been tried and tested over the centuries. We know how it behaves and what damages it, we appreciate its stability. As we turn the pages of a book, we perceive the fragrance it gives off. With new media, we stand at the beginning, and only assume how digital files will behave one day. As long as we can listen to the sound of a pencil running across a sheet of a sketchbook, we are assured we have not lost our way.

Petr Volf

…všem, kteří nás těch pětadvacet let
podporovali, důvěřovali nám a inspirovali nás…

…to all those who supported us, trusted in us
and inspired us during all those 25 years…

Boris Redčenkov
Prokop Tomášek
Jaroslav Wertig

LES
HŘIŠTĚ
VODA
AMFITEATR
LES

ZAHRADA
POLE
PARKOVÁNÍ
SPORT
STATEK

20 21 **02**

SVLVNSDLK
SSW64F4W
§KDMGERG
LGREBNKNN
GHWÜFJ164
LBKNDD515
1GREG131G
G2R2GG21G5
G15REG1G25
RG13G2GGR
351K31GMRY
541YJ841231
JT5TY61VS31
J35Y4TJ5GE
35483GR68G
16GH16RRE6
6SF13F15S5
5G1ERQ6J16I
1w5dwe+w4t
51G5G5H51
B515RT1F31
351V5551RTB
3E5135118H
35S5G16HQ3
8t51h6jG651J
GDHT5HF315
3G1351G3D5
321684GKUIL
3H1T656JTYJ
3S1VR5GH1R
31GT1HT8J
SSGÜKAWOK
G15REG1G25
§KDMGERG
GHWÜFJ164
JT5TY61VS
ABCDEFGHI
5G1ERQ6J16I
35S5G16HQ3
§KDMGERG
ABCDEFGHI
51G5G5H51
§KDMGERG
GDHT5HF315
321684GKUIL
RG13G2GGR
541YJ841231
35483GR68G
SSW64F4W
LGREBNKNN
G2R2GG21G5
G15REG1G25
G15REG1G25
5G1ERQ6J16I
LBKNDD515
6SF13F15S5G
6SF13F15S5
JT5TY61VS3
BJNUIXBN,51
QSMLQWPD
1421655IO85
522J,56J,16,
531UI+4UNG3
A63G35353G
G3M1,53MU2
UU+8M21,96
A63G35353G
GHWÜFJ16
8t51h6jG651J
GHWÜFJ164
35S5G16HQ3
GDHT5HF315
3E5135118HS
§KDMGERG
G2R2GG21G5
G3M1,53MU2F
JT5TY61VS31
LGREBNKNN
GHWÜFJ164
31GT1HT8J
GDHT5HF315
GHWÜFJ164
ABCDEFGHI
SVLVNSDLK
LGREBNKNN
RG13G2GGR
16GH16RRE6
5G1ERQ6J16I
GDHT5HF315
31GT1HT8J
3S1VR5GH1R
6SF13F15S5
BLOOMZSTW
TGKLMGOI6
16848878§M
ABCDEFGHI
G2R2GG21G
ABCDEFGHI
RG13G2GGR
6SF13F15S5
16848878§M
TGKLMGOI6
§KDMGERG
ABCDEFGHI
31GT1HT8J
G15REG1G25
G2R2GG21G

POHLED ZE ZAHRADY

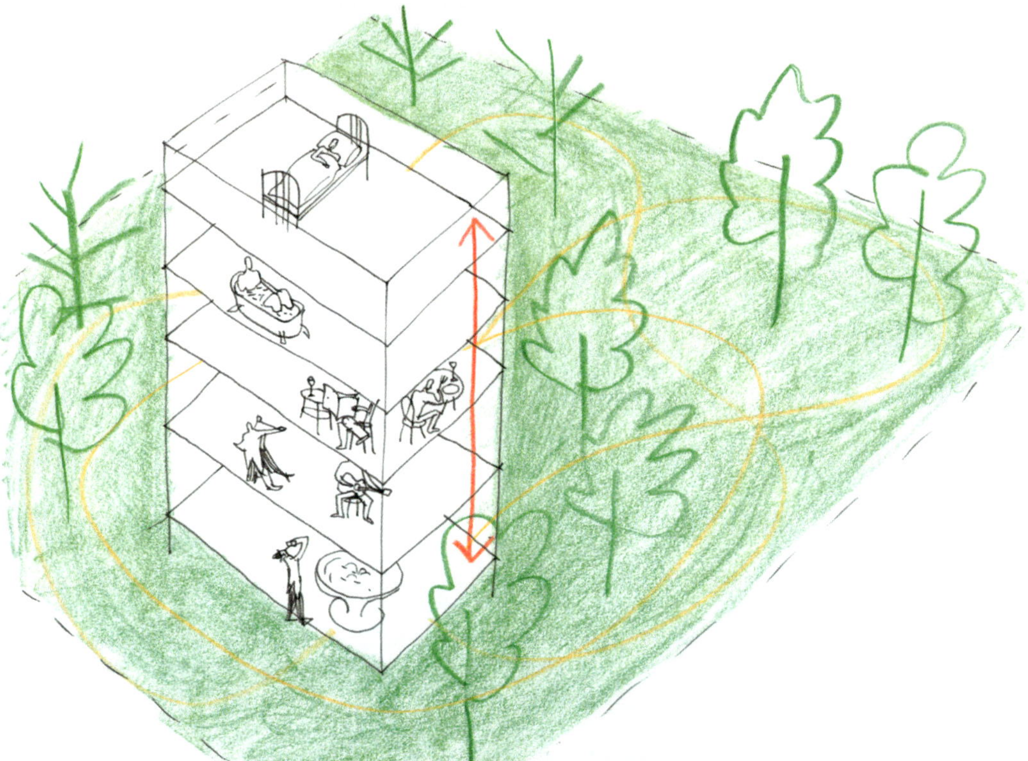

DARK OFF

LIGHT ON

SPA. PRIVAT
PUBLIC

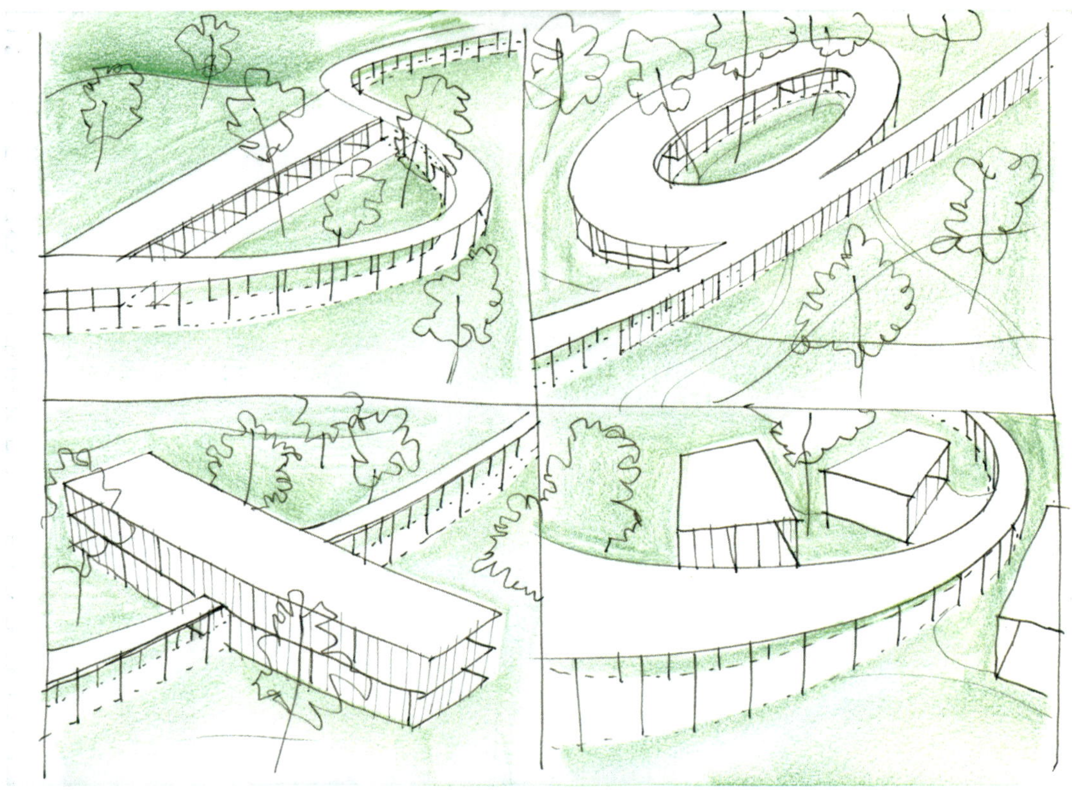

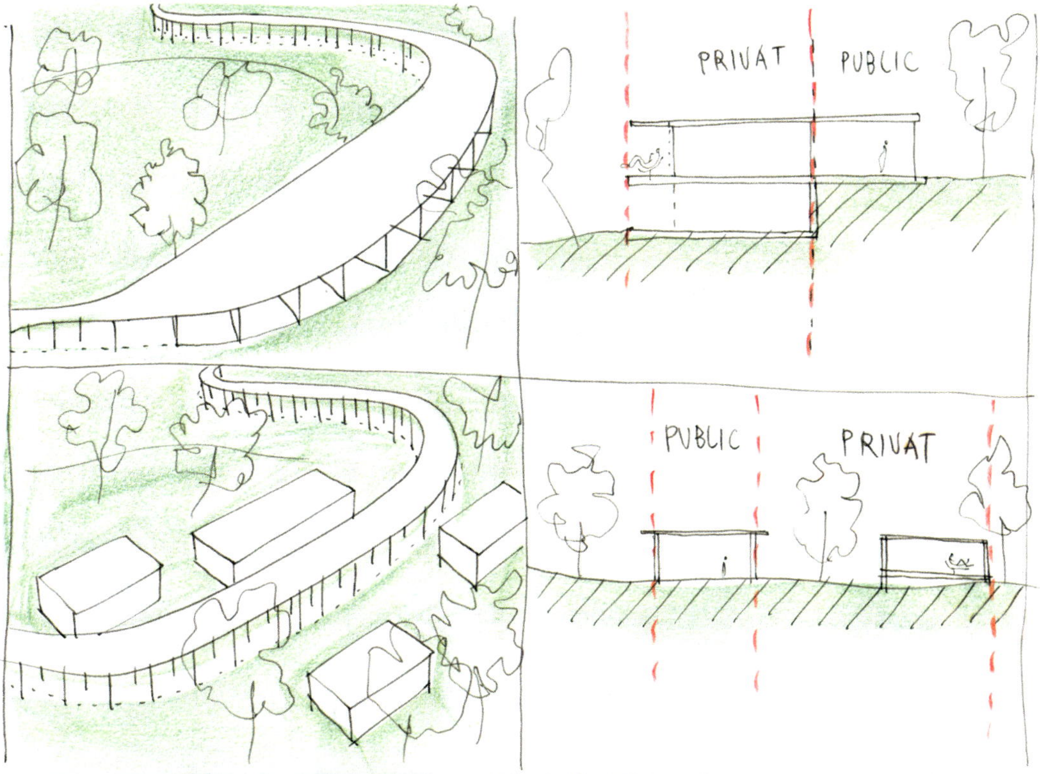
PRIVAT
PUBLIC
PUBLIC
PRIVAT

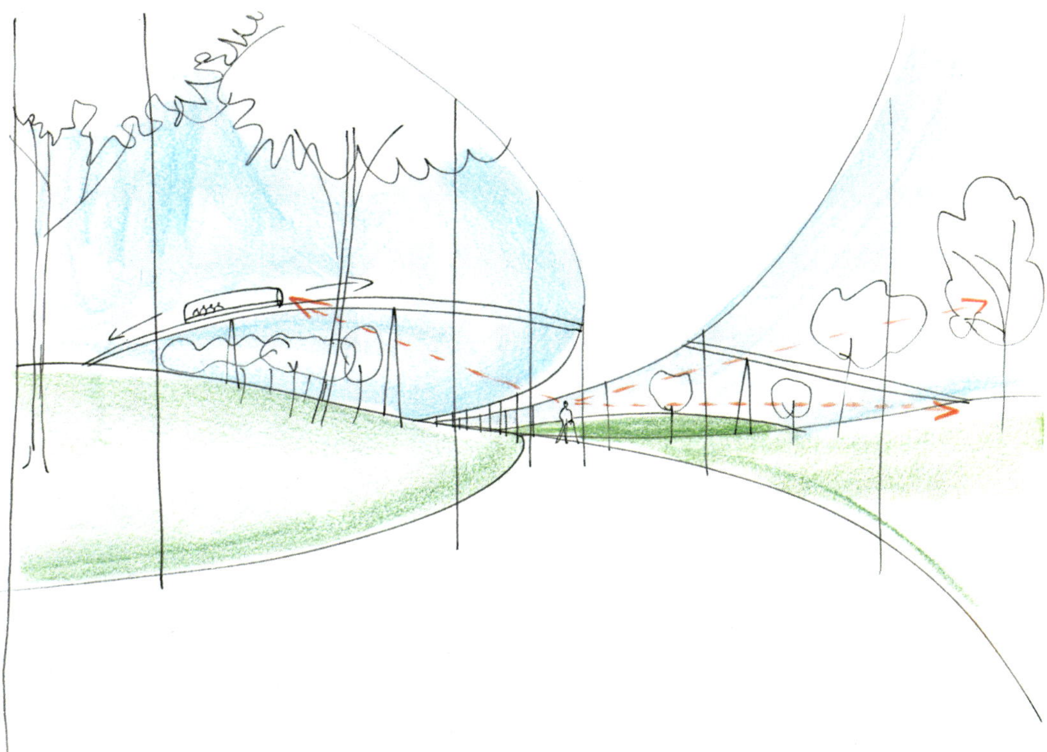

18.7.011

19.7.011

19.7.011

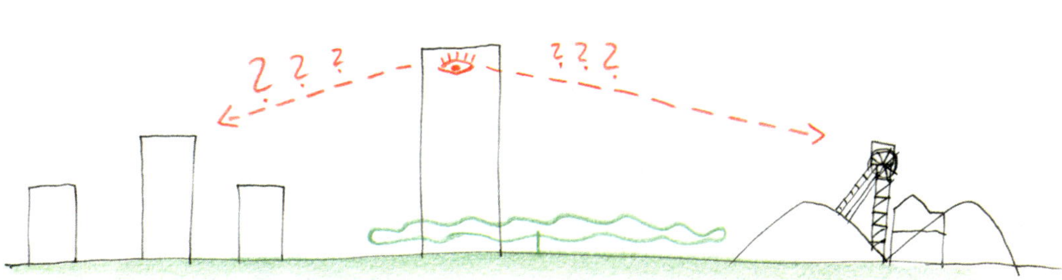
???
???

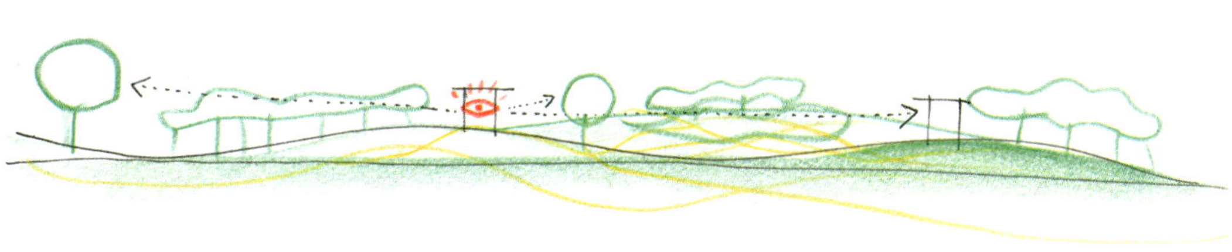

76 77 11

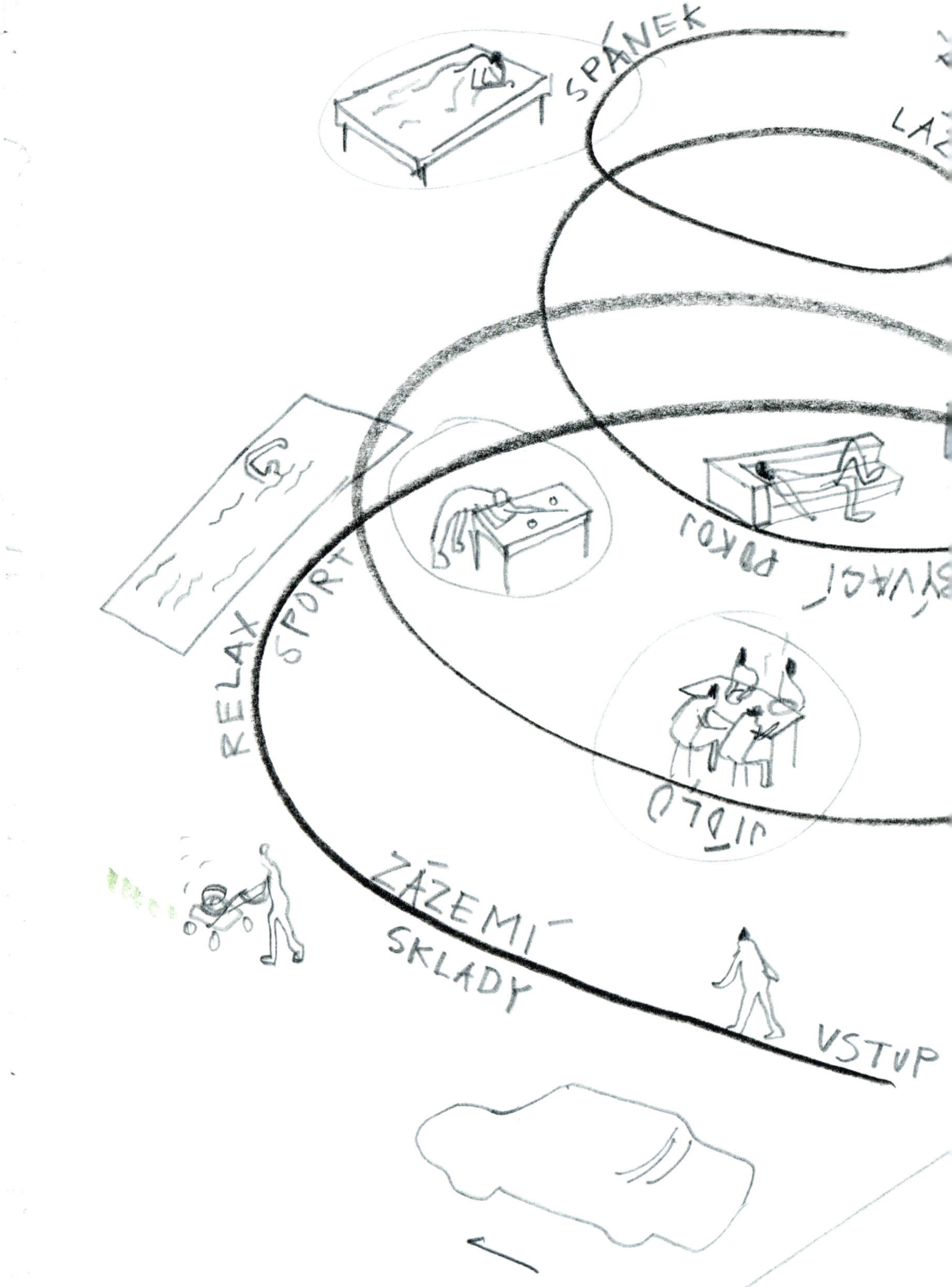
SPÁNEK
SPORT
RELAX
POKOJ
JÍDLO
ZÁZEMÍ -
SKLADY
VSTUP

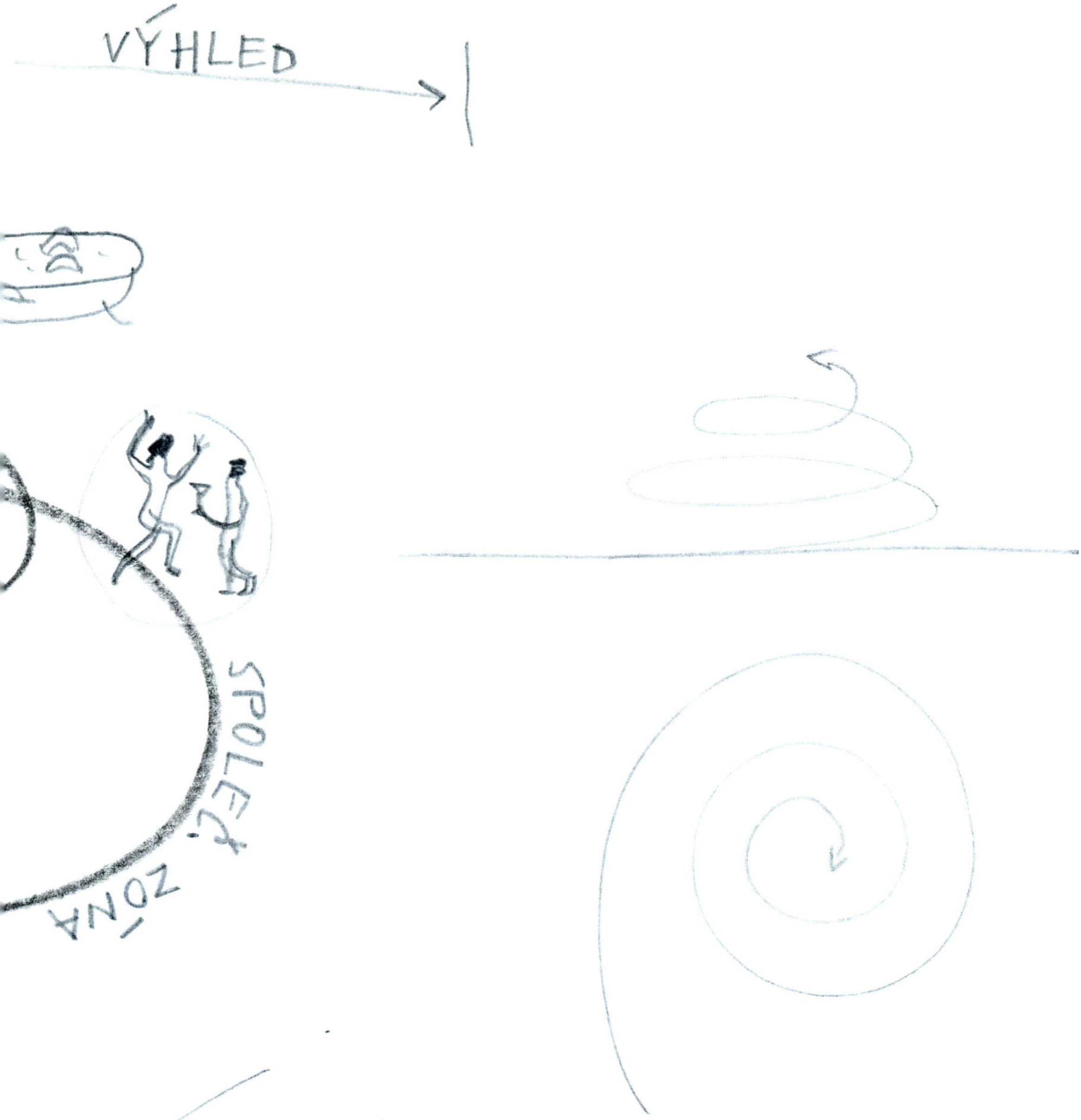

hierarchie
funkcí
intimity

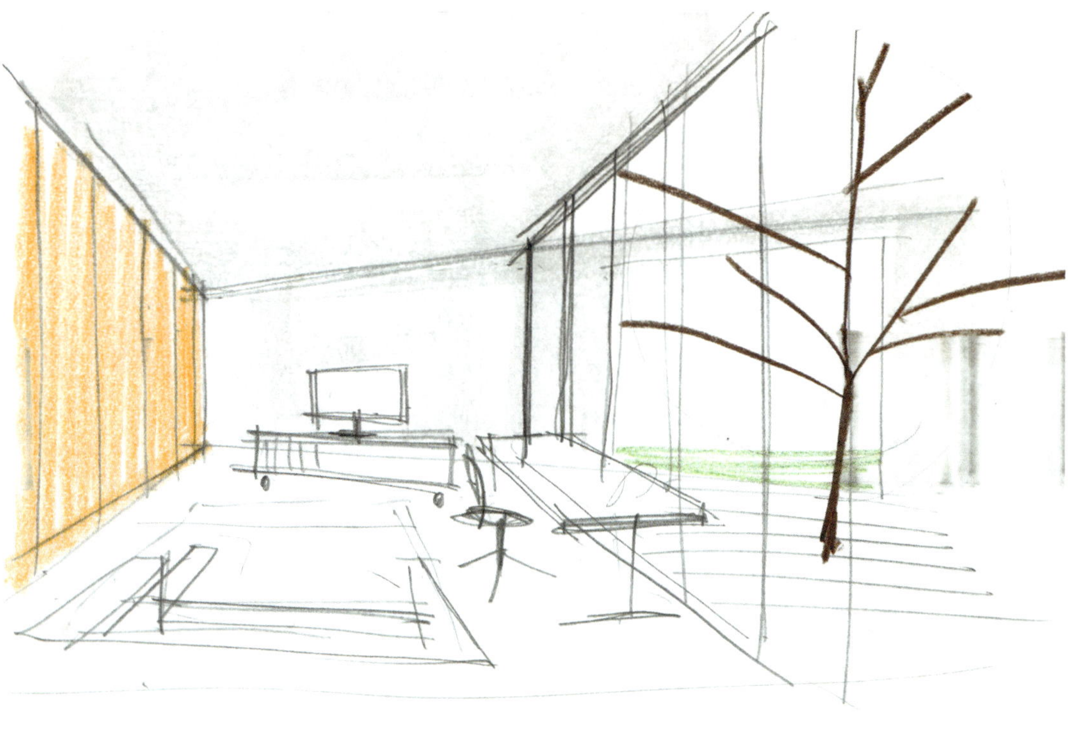

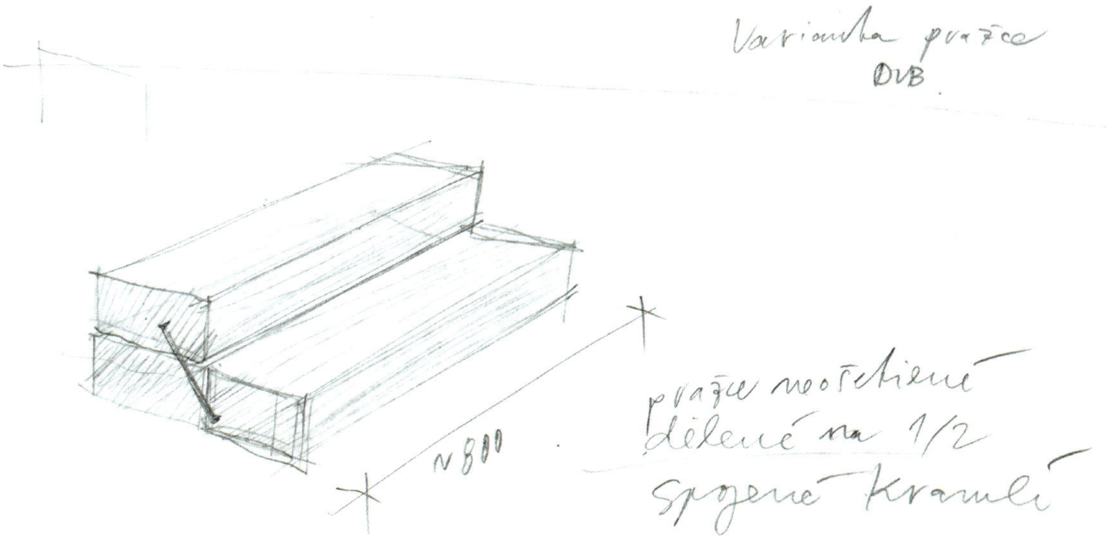
Varianta pražce
DUB.
~800
pražce neošetřené
dělené na 1/2
spojené kramlí

až 300
monoblok

varianta monoblok
beton

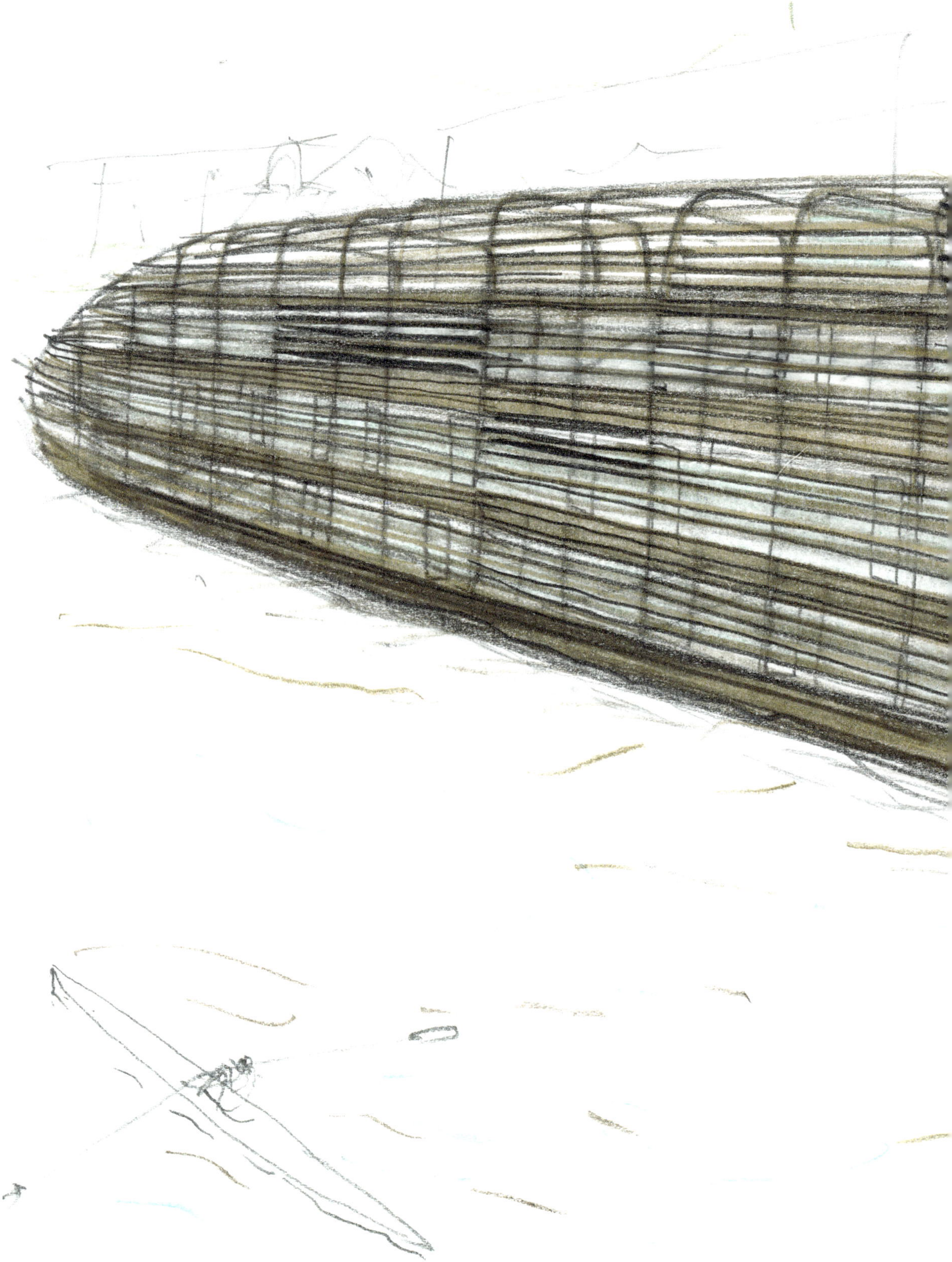

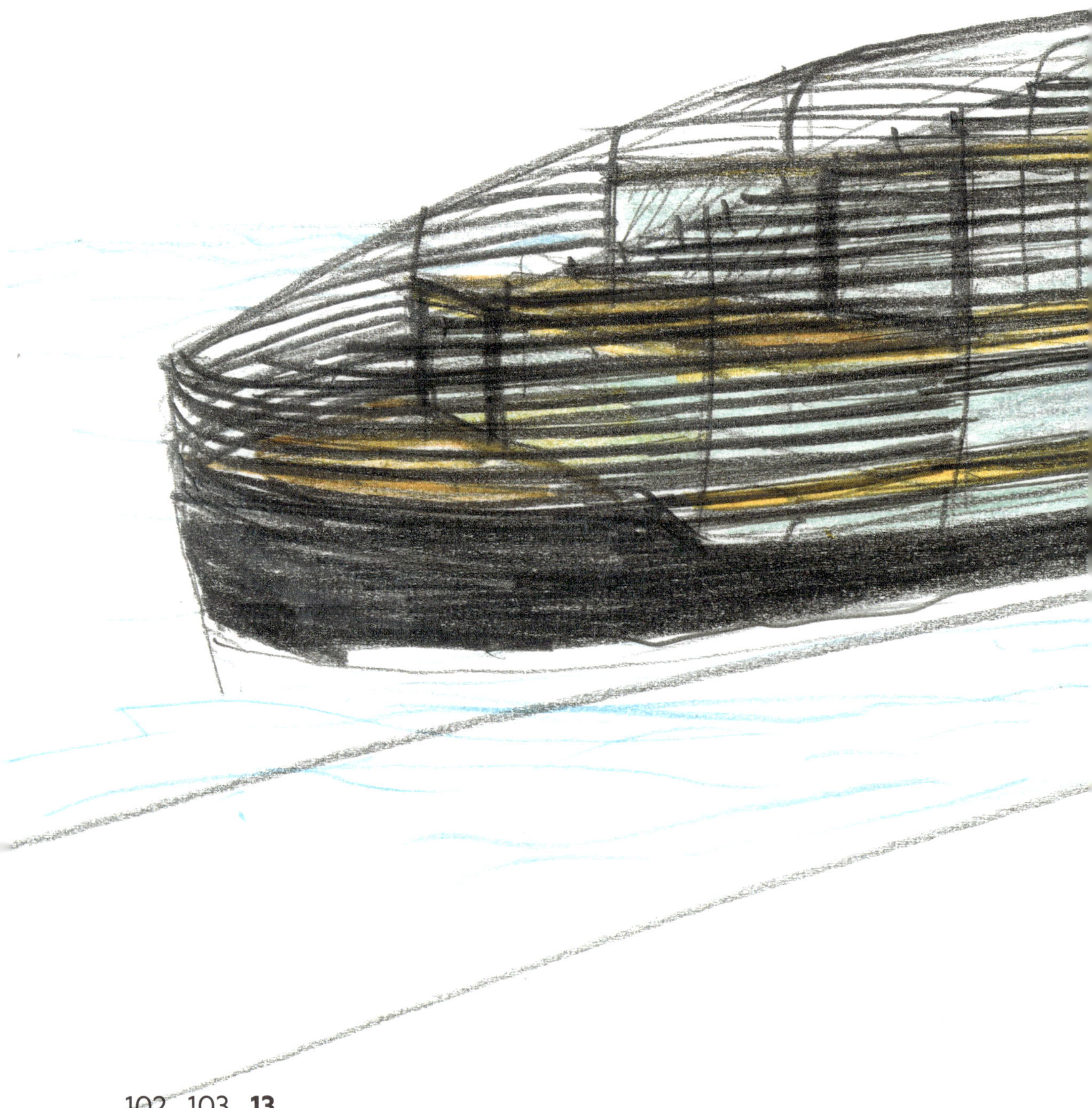

120 121 **15**

6
5
7
8
4
3
11
9
10
1
12
2

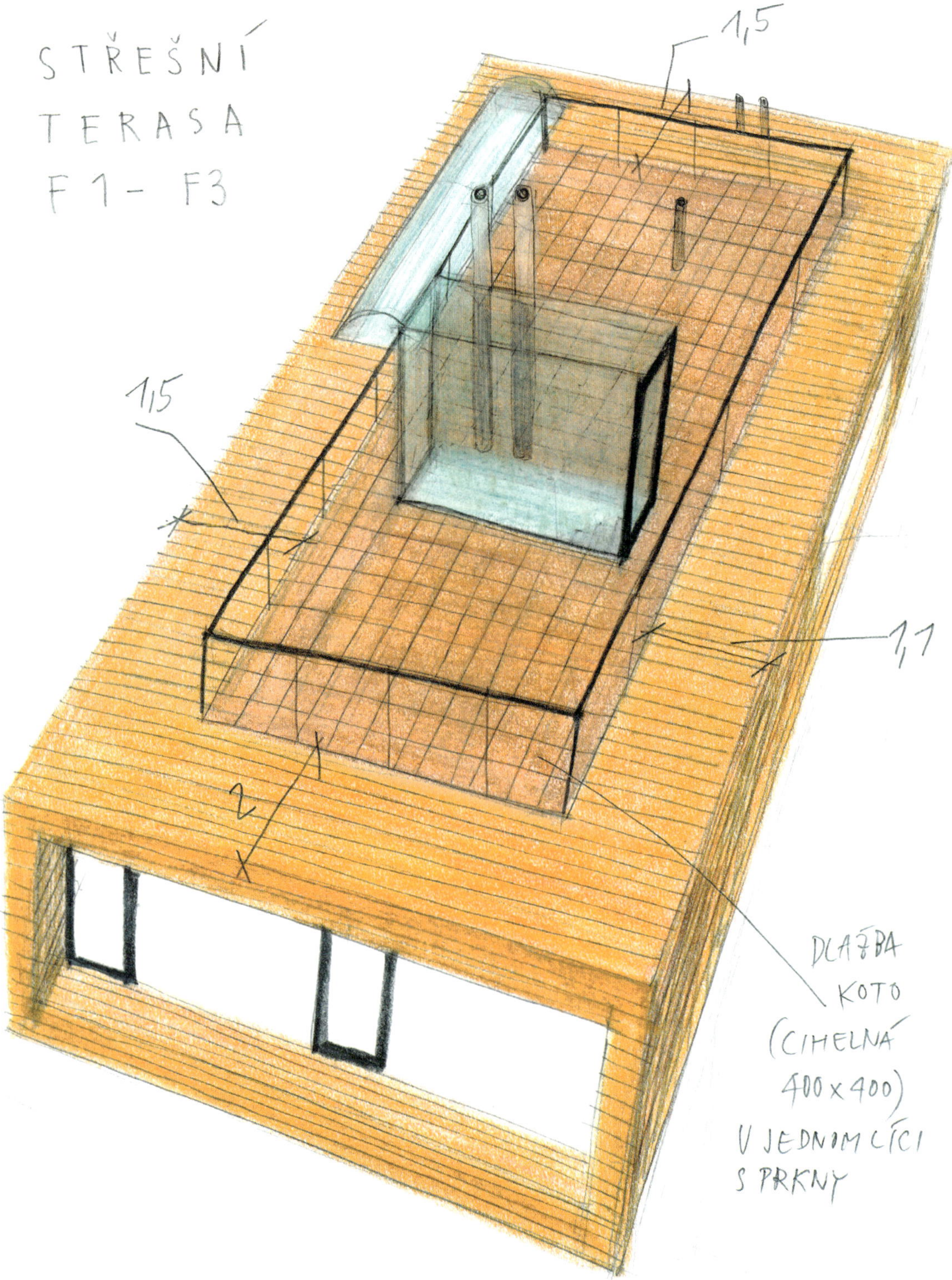
STŘEŠNÍ
TERASA
F1- F3
1,5
1,5
1,1
2
DLAŽBA
KOTO
(CIHELNÁ
400x400)
V JEDNOM LÍCI
S PRKNY

– problem – podhled kolik ? jaká skladba
+ ka – lodžie 2 n.p.

VÝPLŇ 100/50/4
600
ZTUŽUJÍCÍ KCE
100/100/10
PROSTOR PRO ŽIVÝ PLOT (HABR)
A POPÍNAVOU ZELEŇ (LOBINEC + BŘEČŤAN)

IVA

Fka – detail schody 1n.p

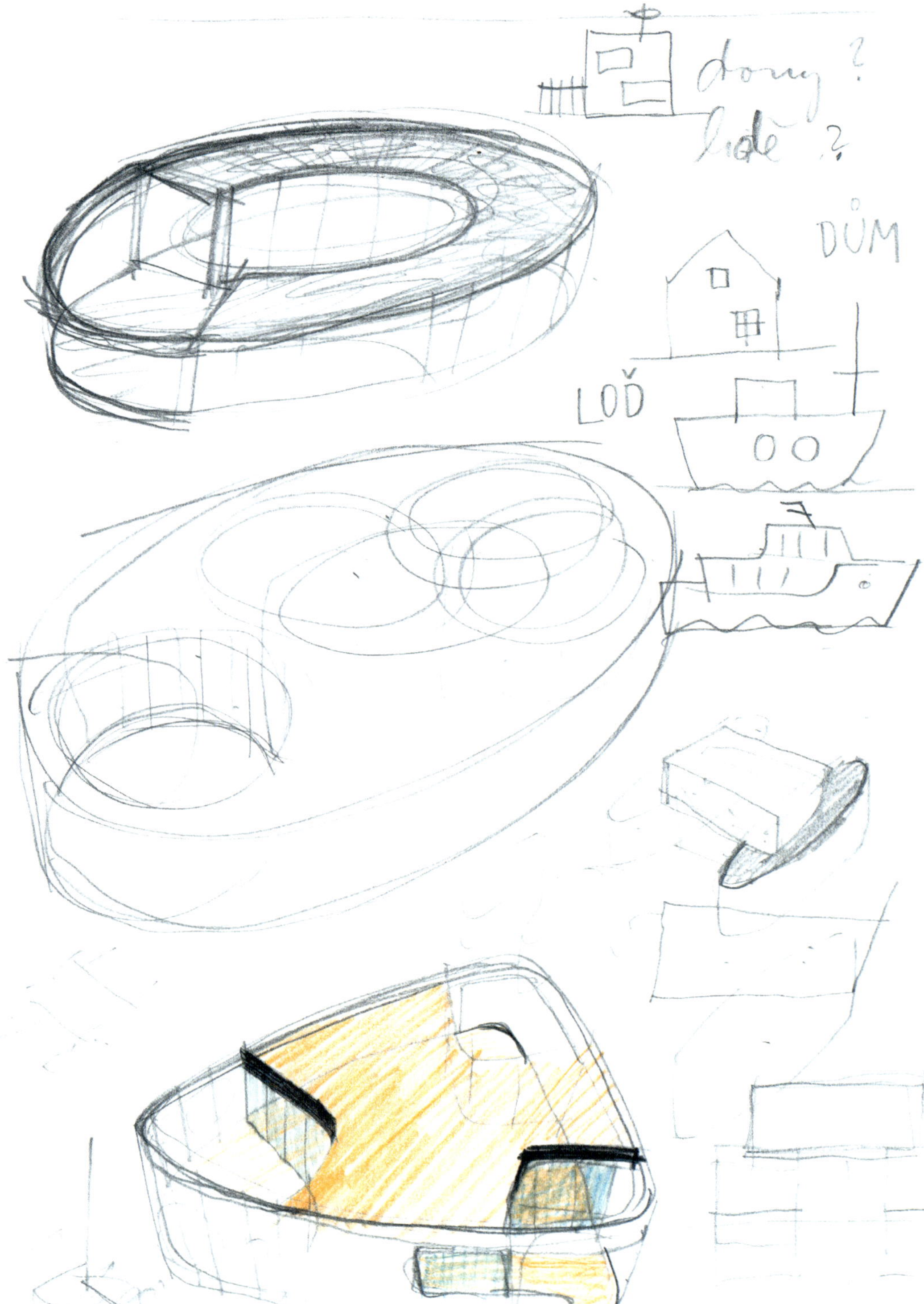
domy?
lidé?
DŮM
LOĎ

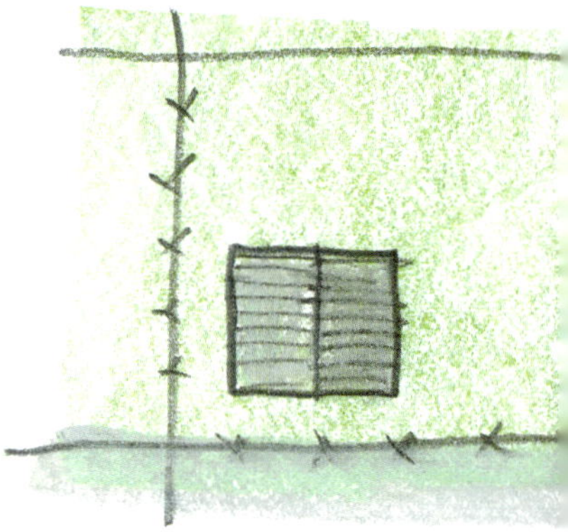

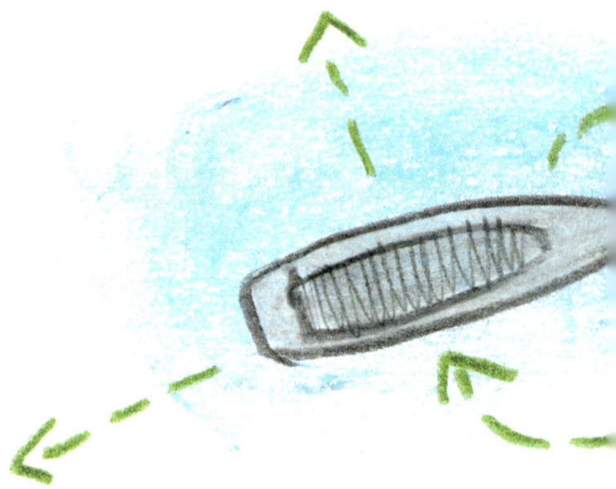

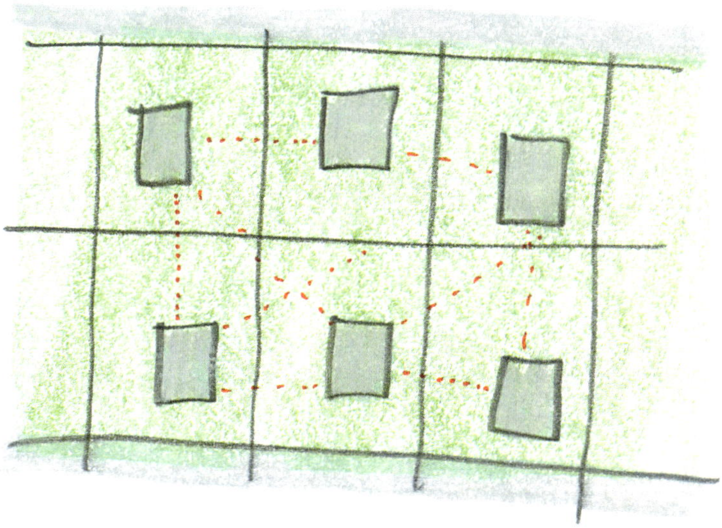

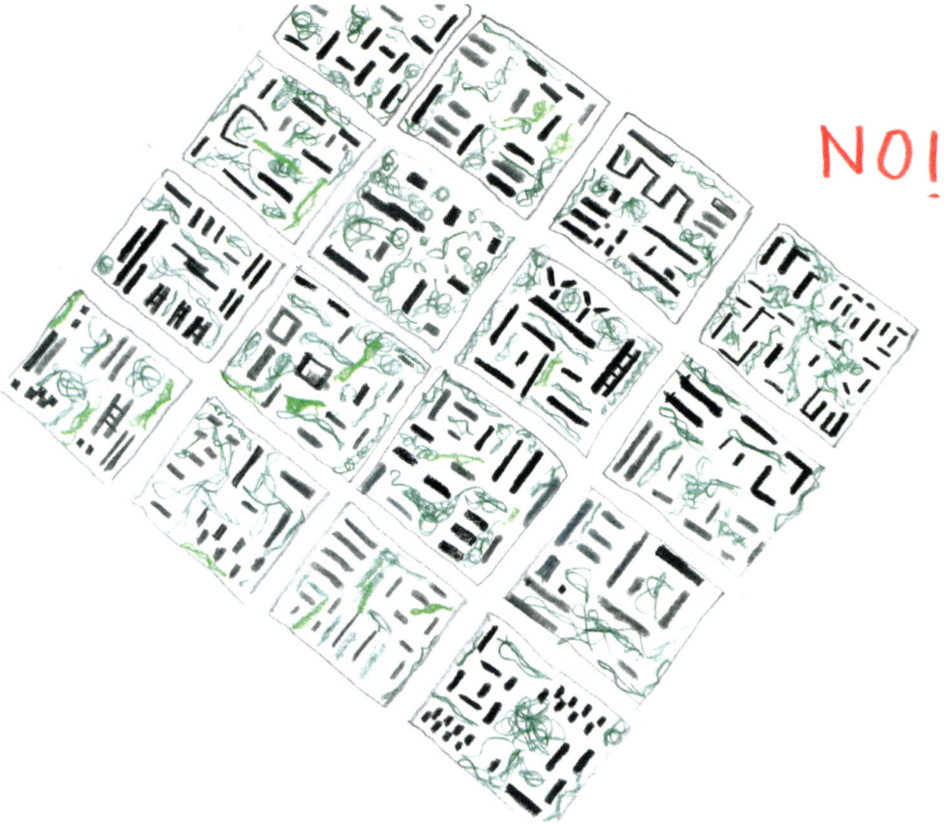
NO!

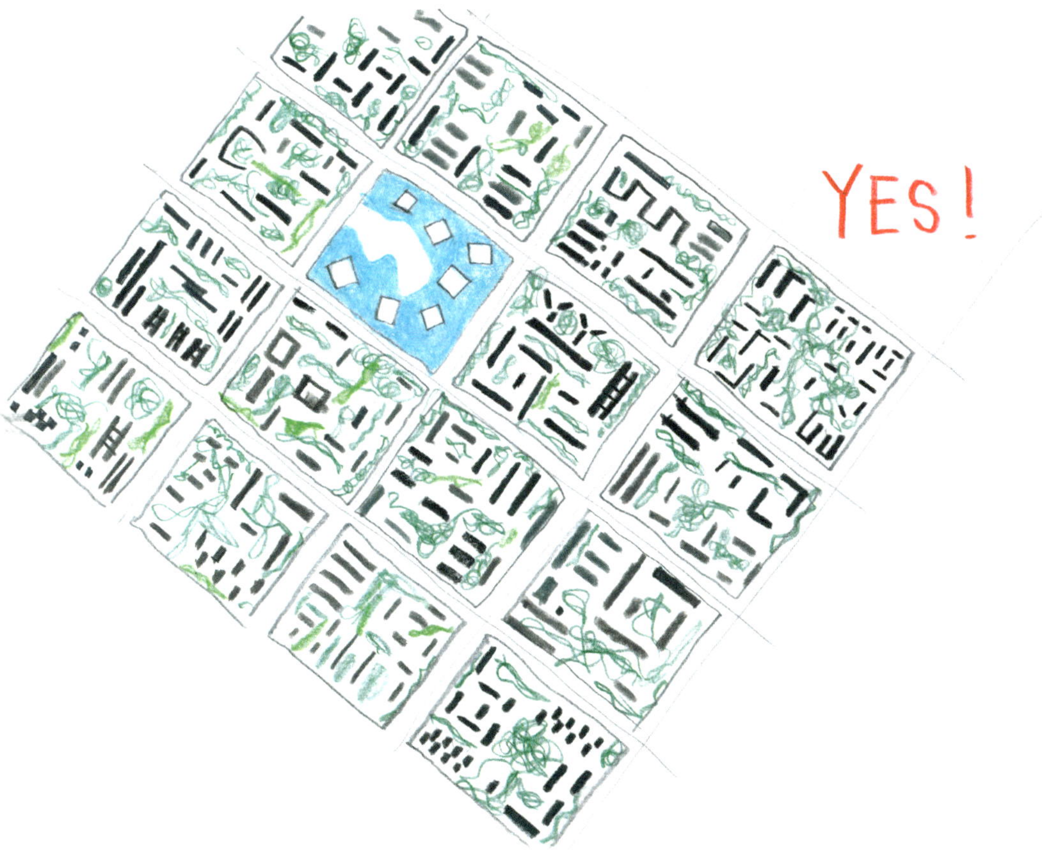
YES!

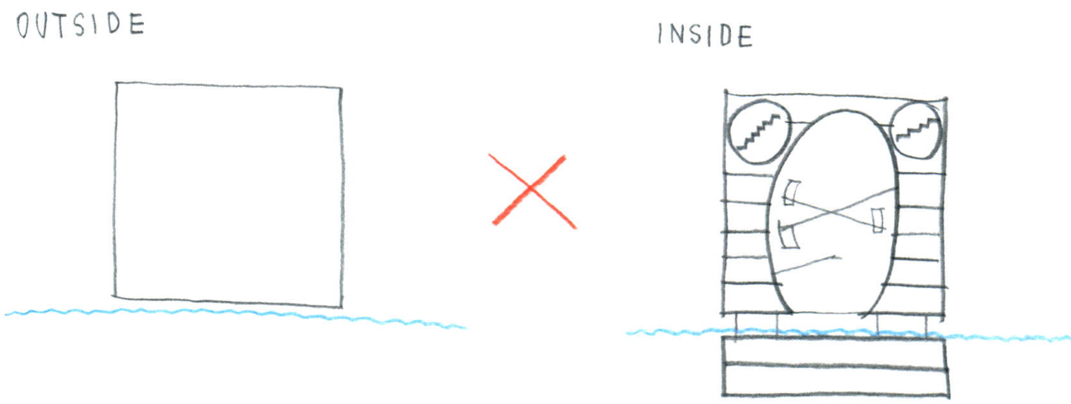
OUTSIDE
INSIDE

BY DAY
BY NIGHT

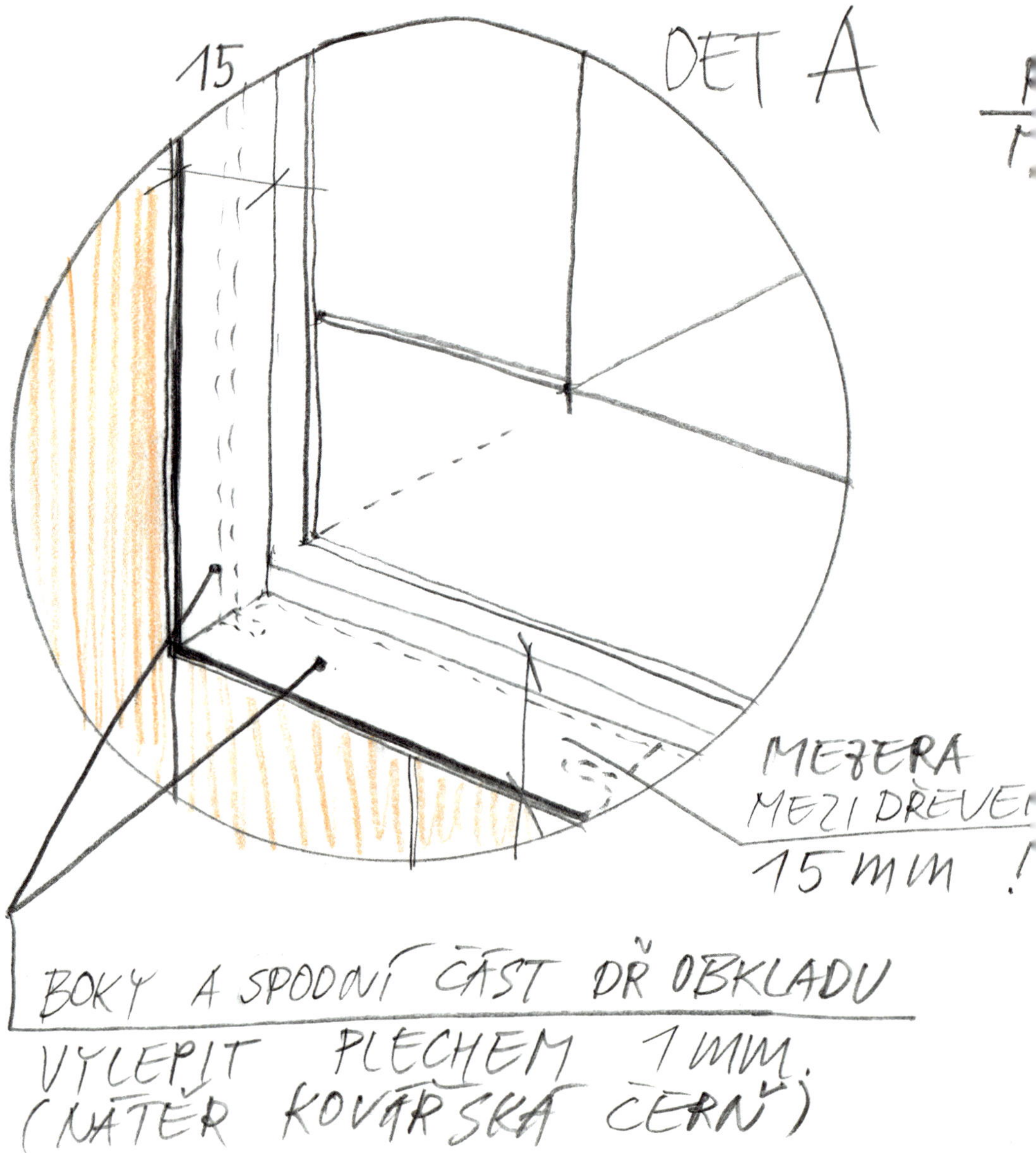
15
DET A
MEZERA
MEZI DŘEVEN
15 MM !
BOKY A SPODNÍ ČÁST DŘ OBKLADU
VYLEPIT PLECHEM 1 MM.
(NÁTĚR KOVÁŘSKÁ ČERŇ)

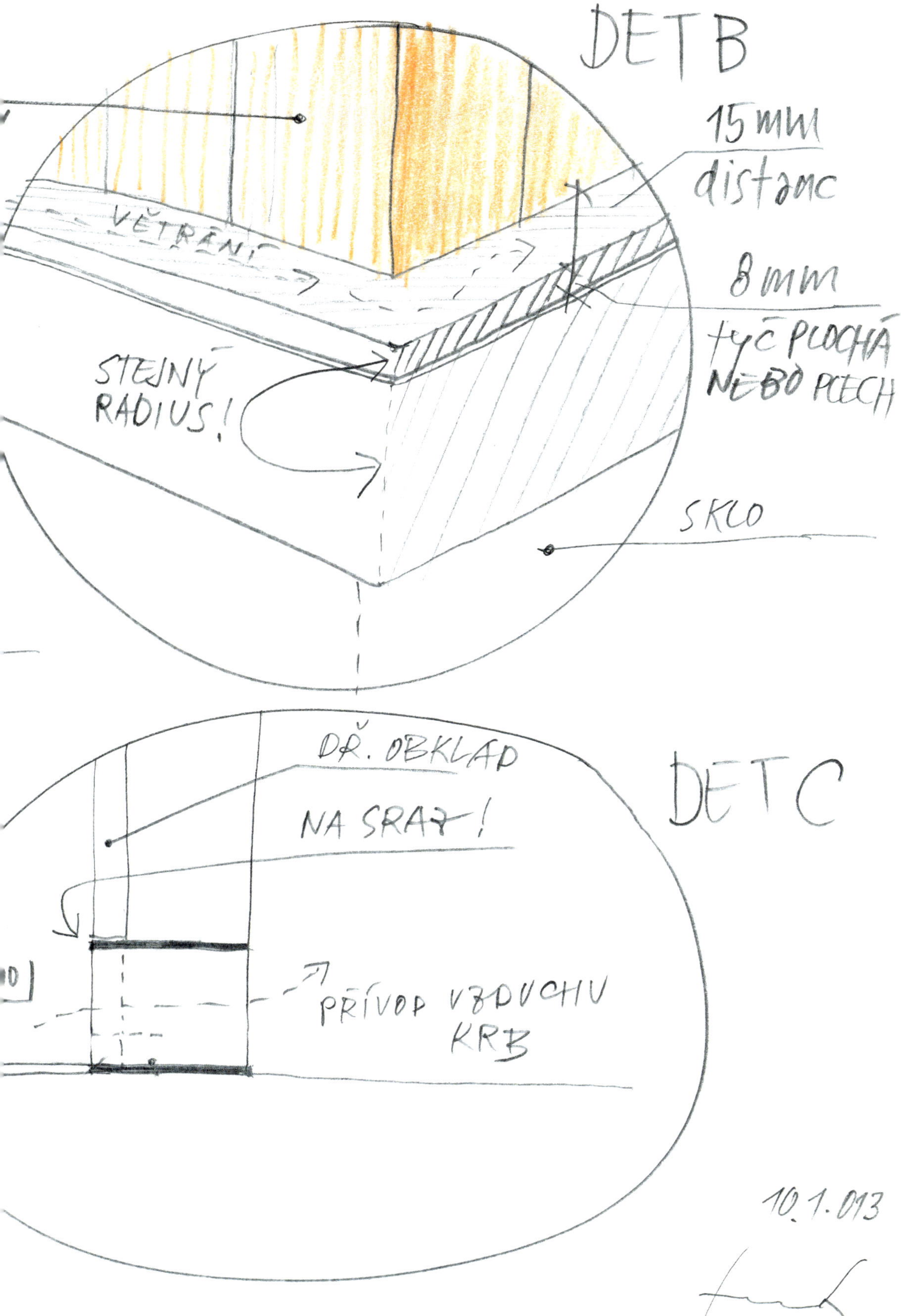
DET B
15 mm
distanc
VĚTRÁNÍ
8 mm
tyč plochá
nebo plech
STEJNÝ
RADIUS!
SKLO
DŘ. OBKLAD
NA SRAZ!
DET C
PŘÍVOD VZDUCHU
KRB
10.1.013

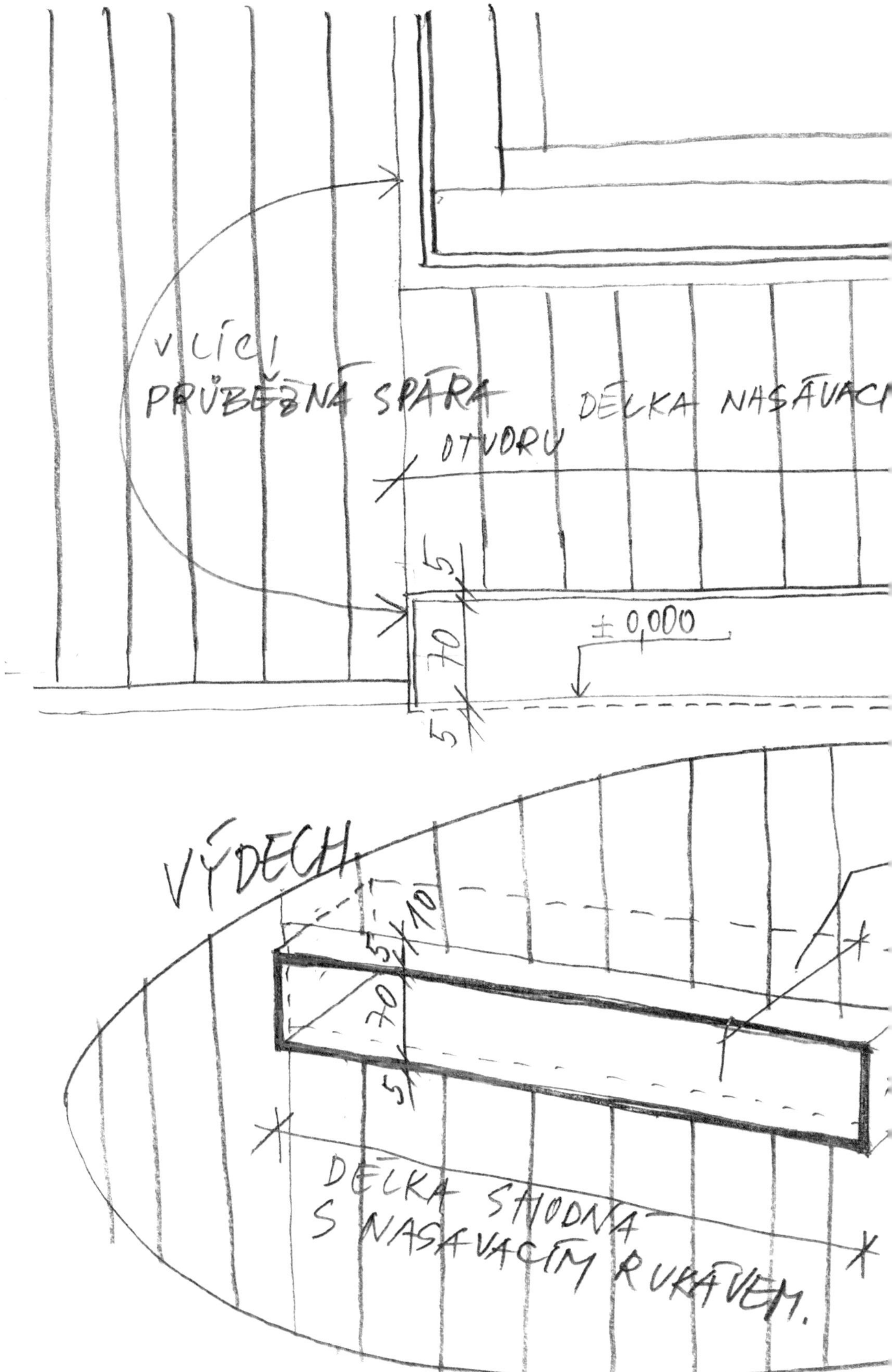
V LÍCI
PRŮBĚŽNÁ SPÁRA
DÉLKA NASÁVACÍ
OTVORU
5
70
5
± 0,000
VÝDECH
70
5
70
5
DÉLKA SHODNÁ
S NASÁVACÍM RUKÁVEM.

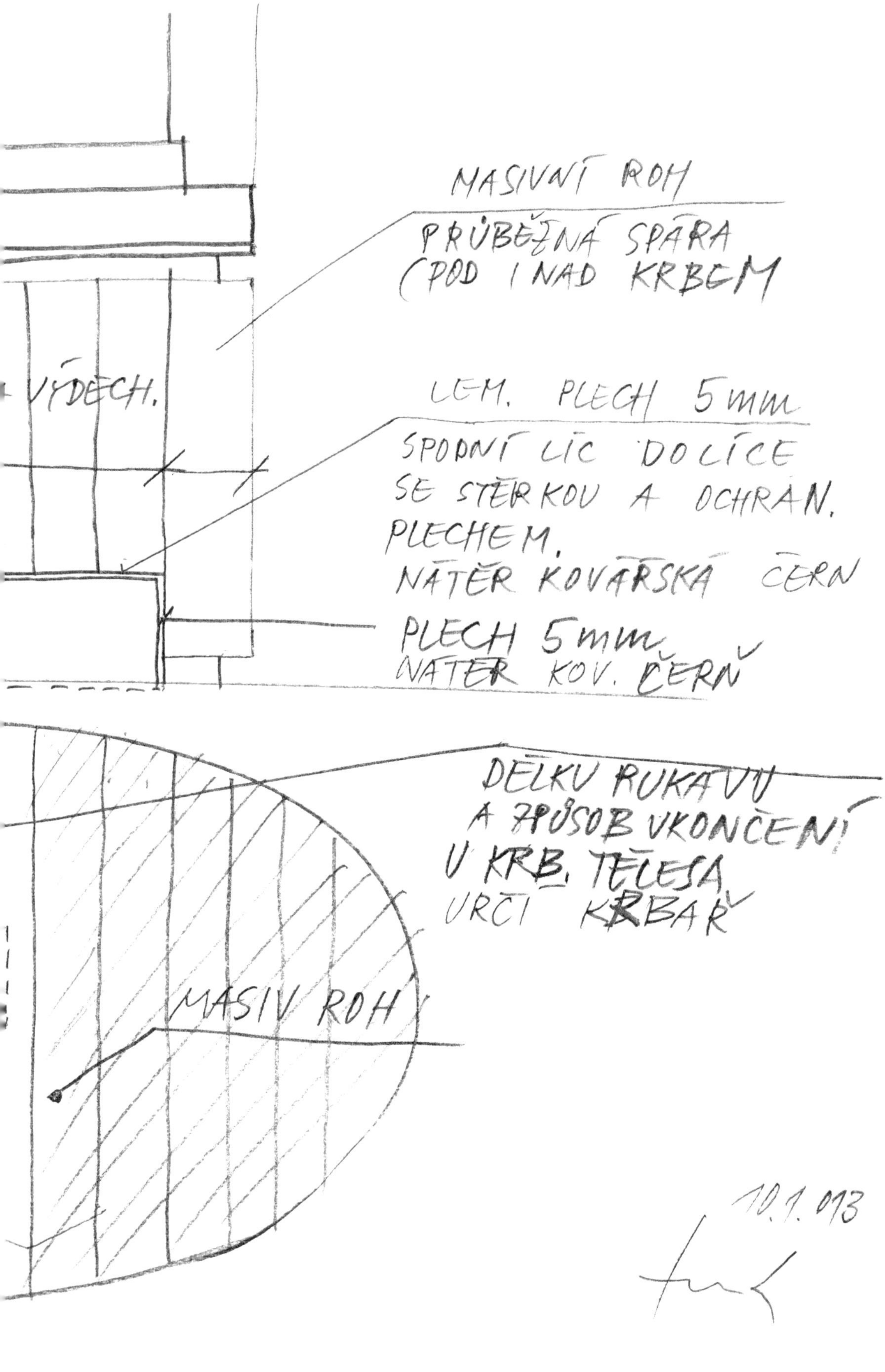
MASIVNÍ ROH
PRŮBĚŽNÁ SPÁRA
(POD I NAD KRBEM
VÝDECH.
LEM. PLECH 5mm
SPODNÍ LÍC DOLÍCE
SE STĚRKOU A OCHRAN.
PLECHEM.
NÁTĚR KOVÁŘSKÁ ČERŇ
PLECH 5mm
NÁTĚR KOV. ČERŇ
DÉLKU RUKÁVU
A ZPŮSOB UKONČENÍ
U KRB. TĚLESA
URČÍ KRBAŘ
MASIV ROH
10.1.013

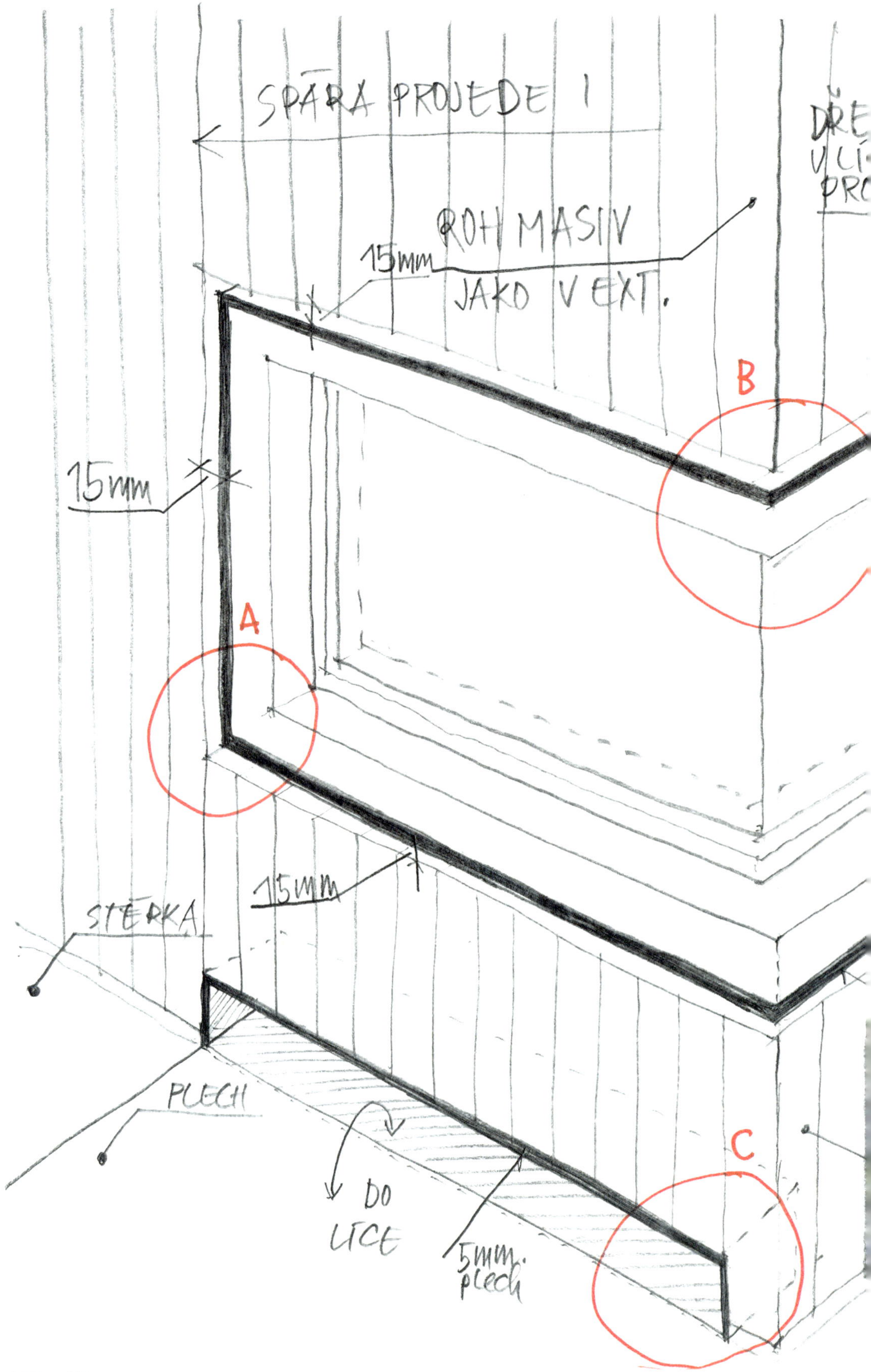
SPÁRA PROJEDE 1
DŘE
V LI
PRO
ROH MASIV
15mm
JAKO V EXT.
B
15mm
A
15mm
STĚRKA
PLECH
DO
LICE
5mm
plech
C

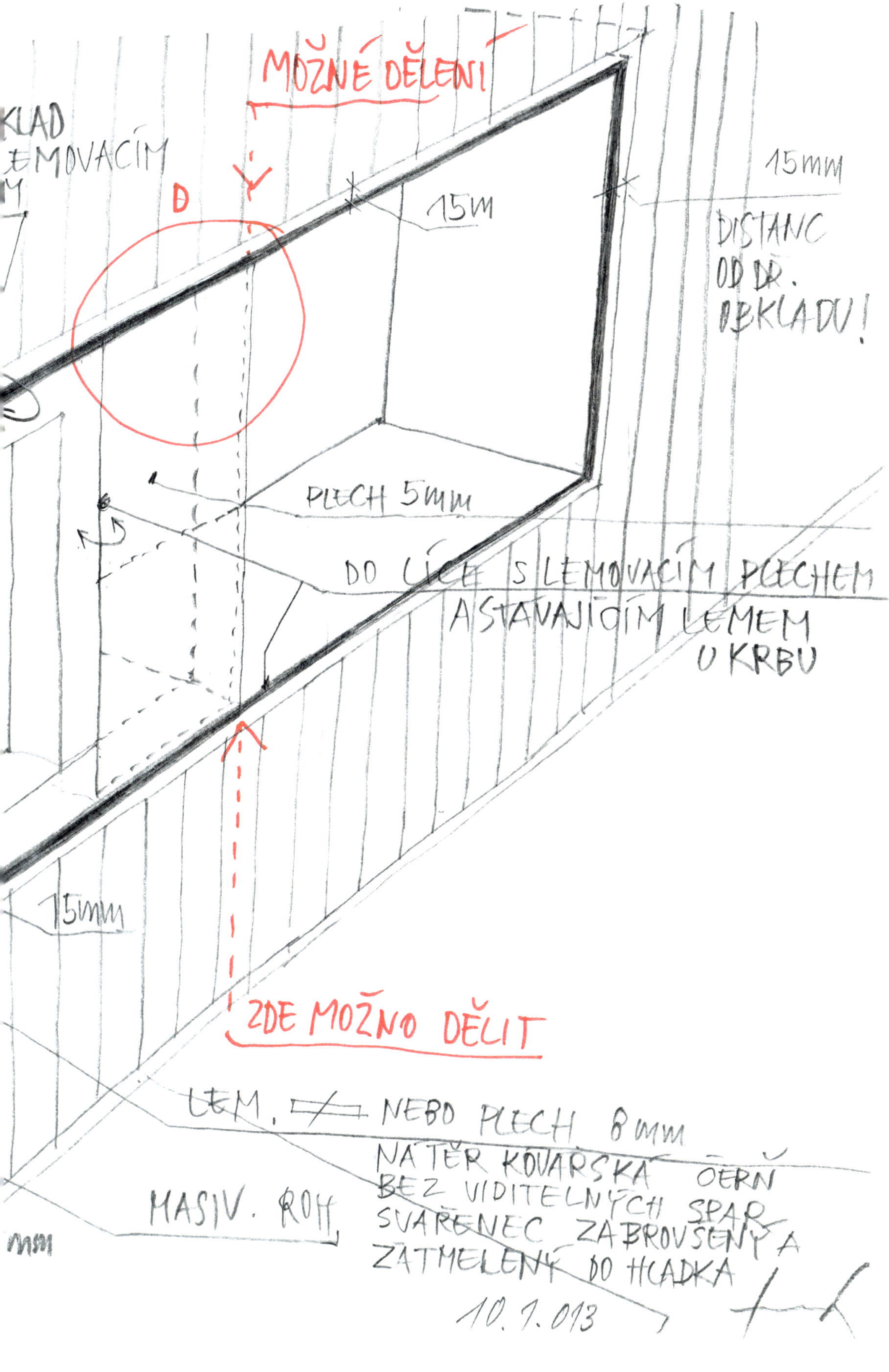
MOŽNÉ DĚLENÍ
KLAD
LEMOVACÍM
D
15M
15mm
DISTANC
OD DR.
OBKLADU!
PLECH 5mm
DO LÍCE S LEMOVACÍM PLECHEM
A STAVAJÍCÍM LEMEM
U KRBU
15mm
ZDE MOŽNO DĚLIT
LEM. NEBO PLECH 8mm
NÁTĚR KOVÁŘSKÁ ČERŇ
BEZ VIDITELNÝCH SPAR
SVAŘENEC ZABROUŠENÝ A
ZATMELENÝ DO HLADKA
MASIV. ROH
10. 1. 013

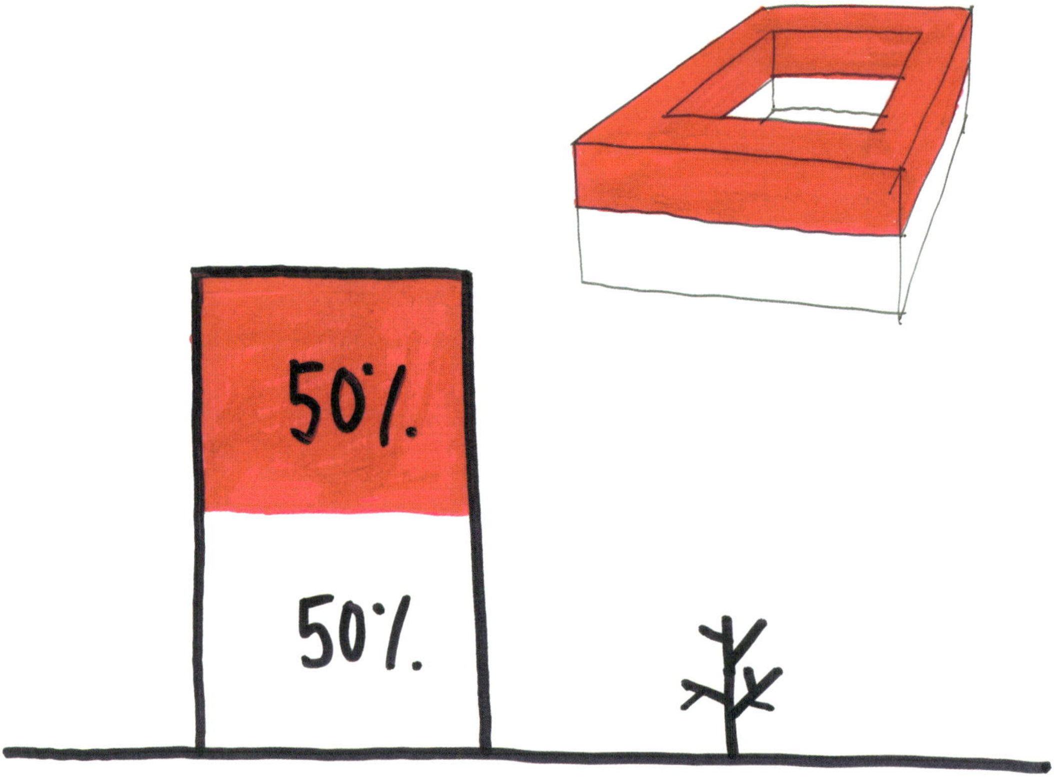
50%
50%

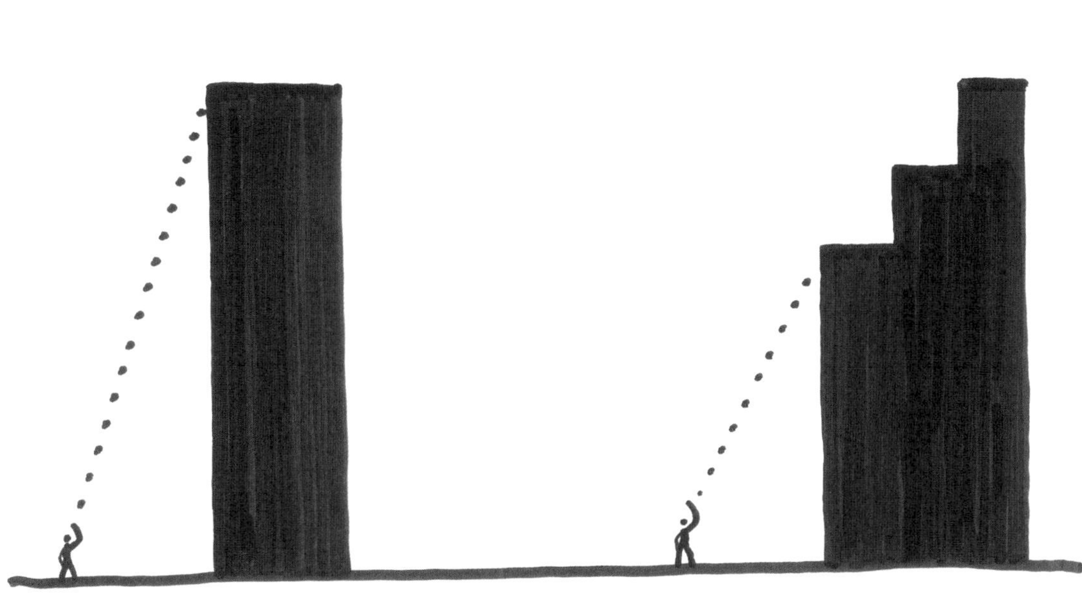

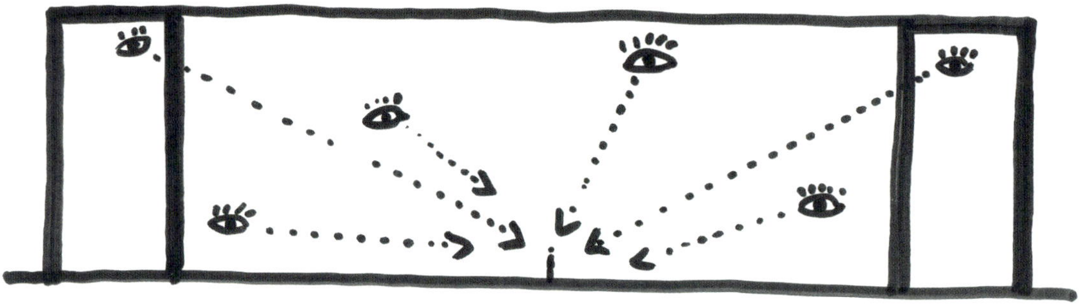

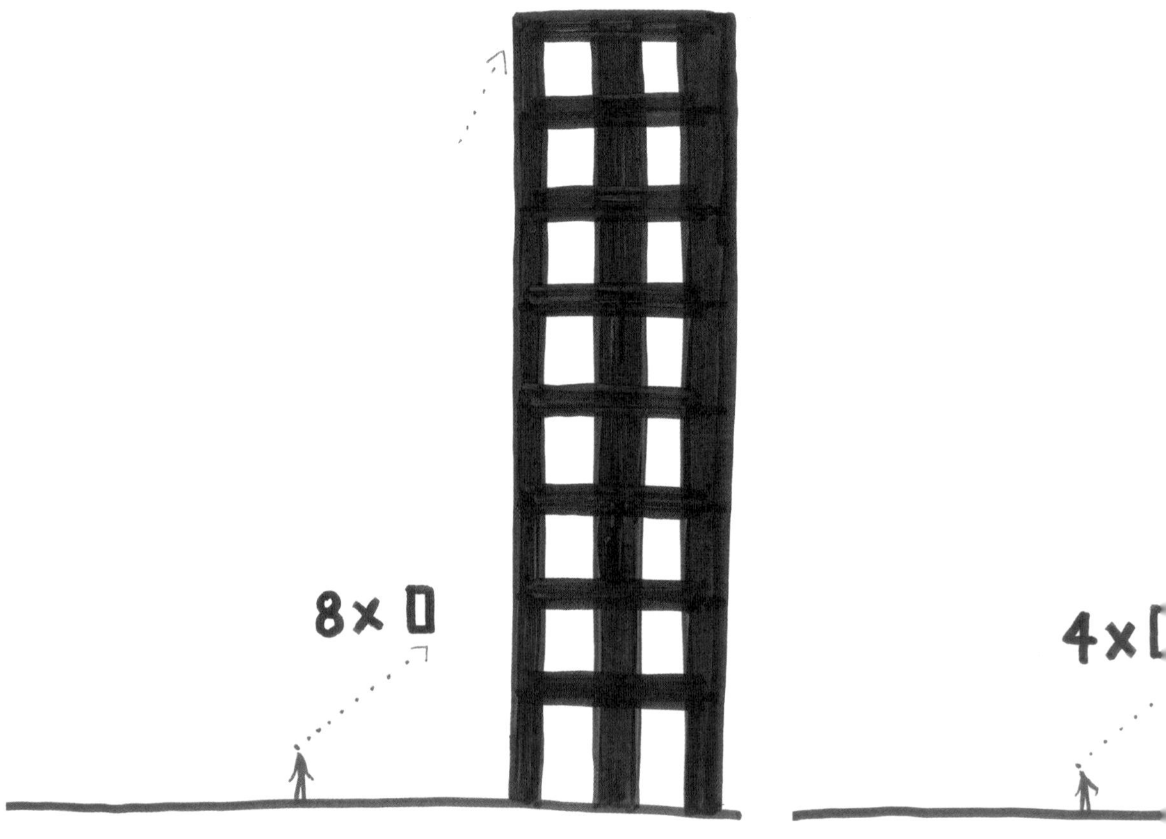
8×
4×

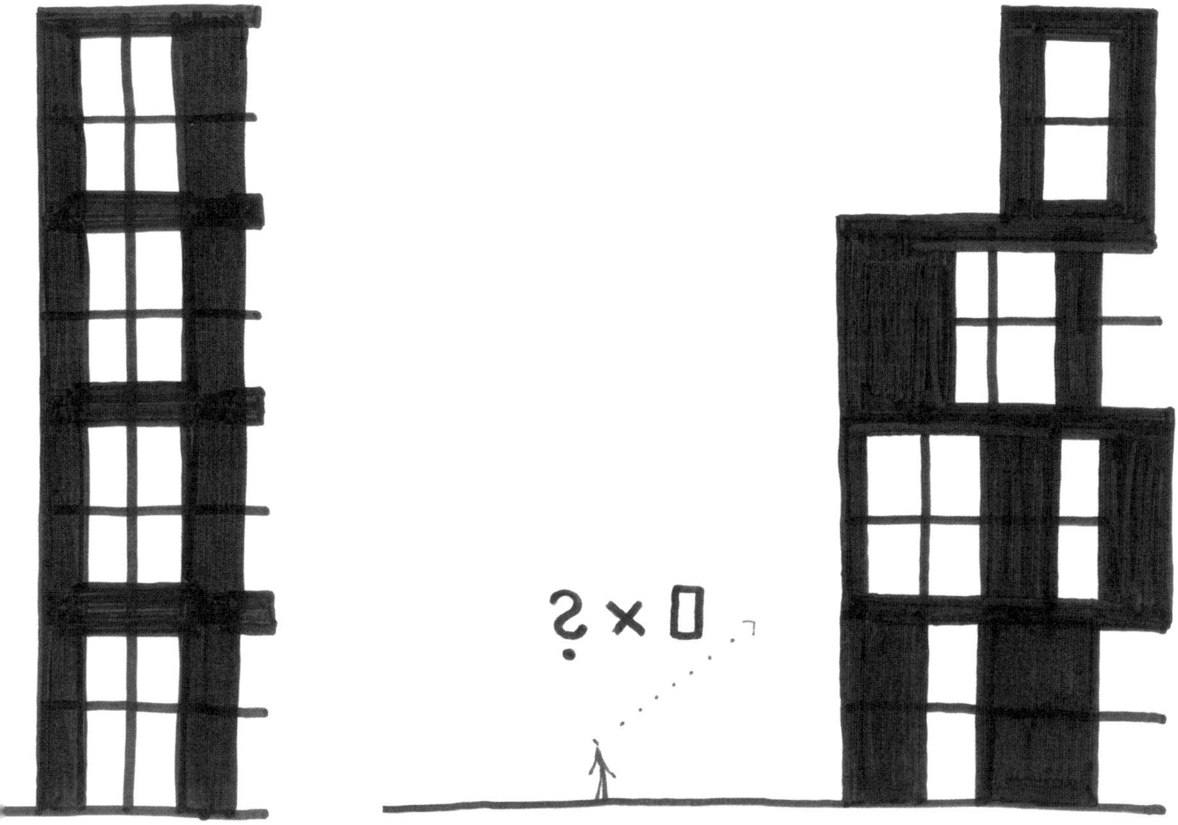

168 169 **21**

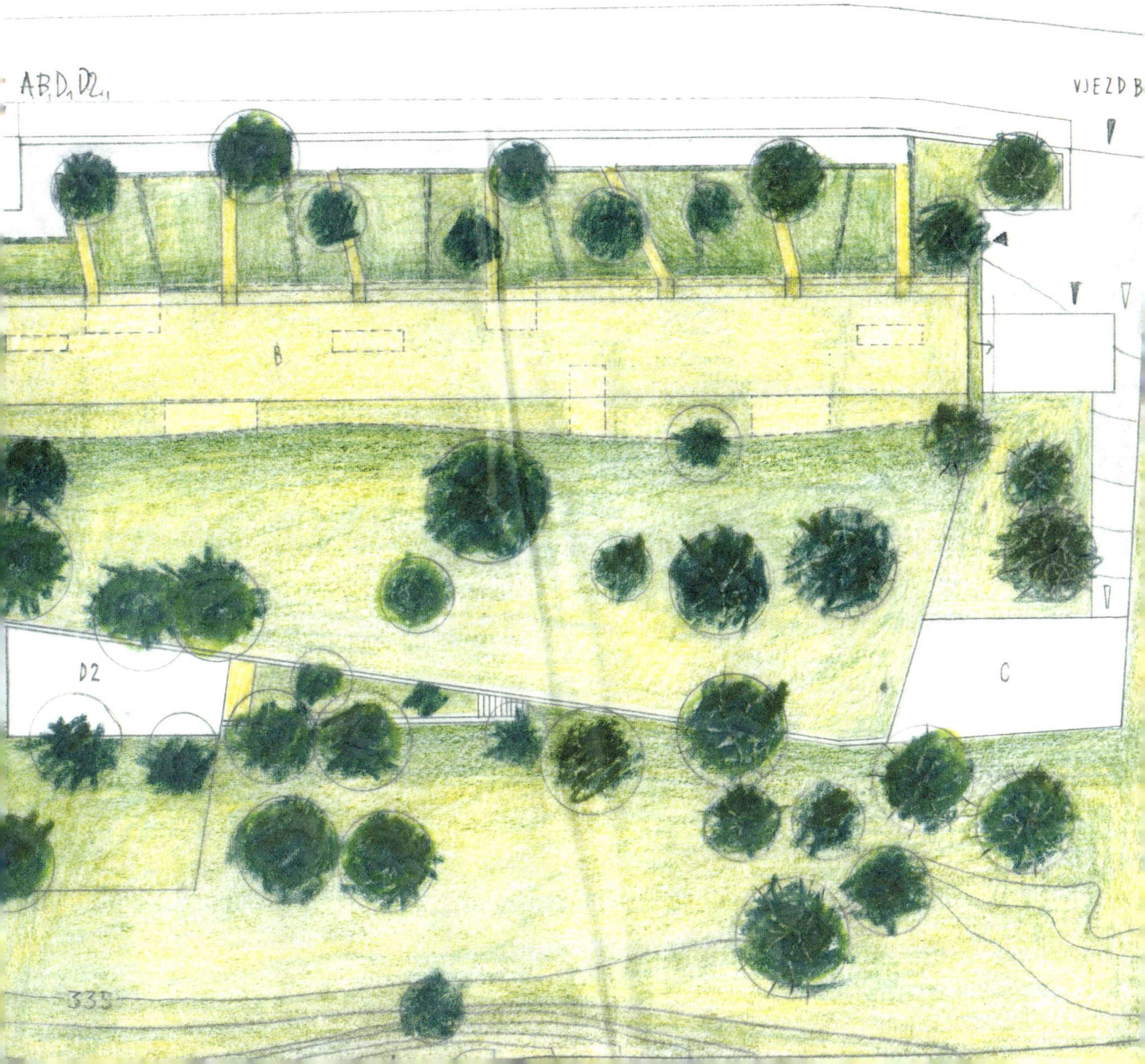
A,B,D,D2,,
VJEZD B
B
D2
C
335

172 173 **21**

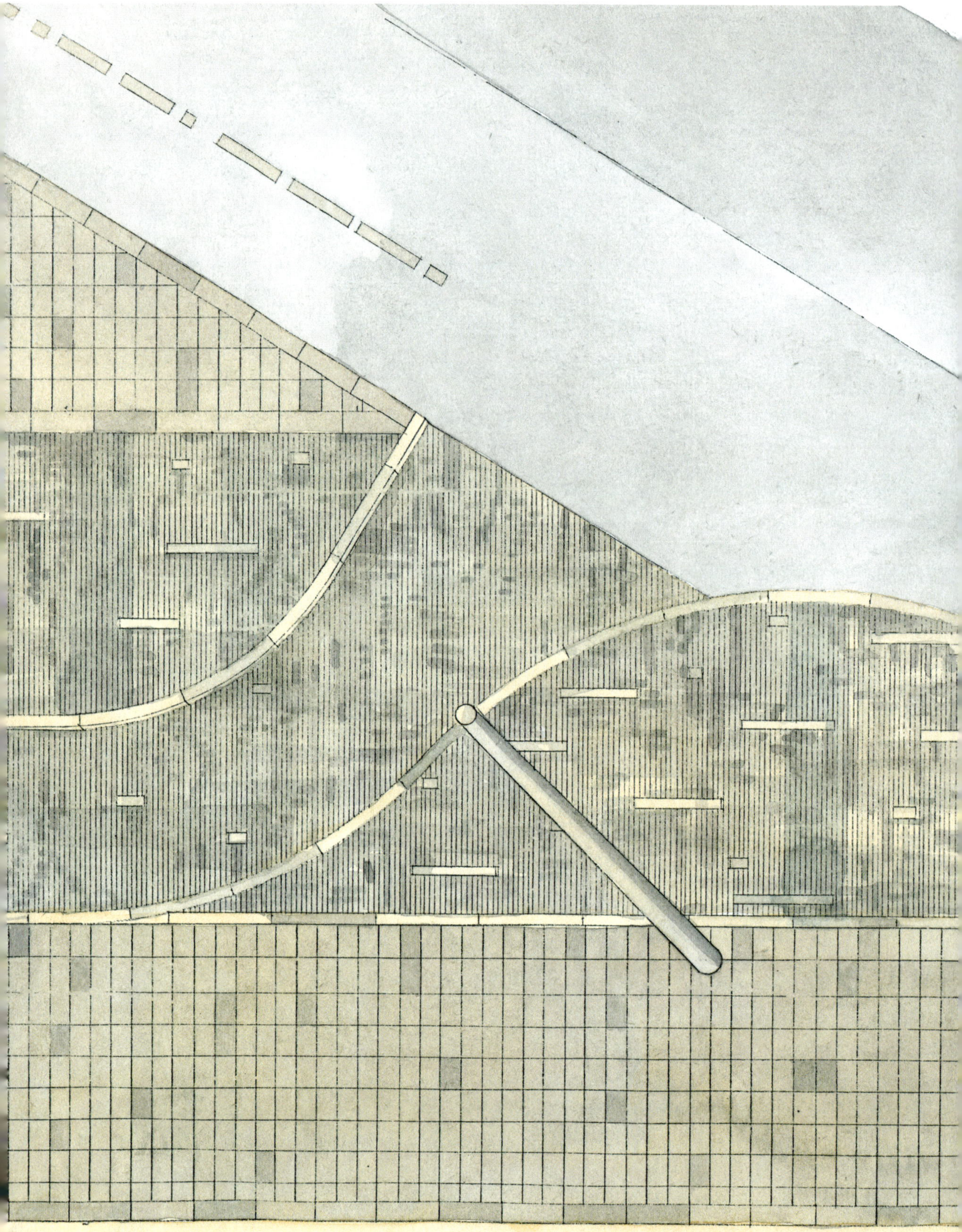

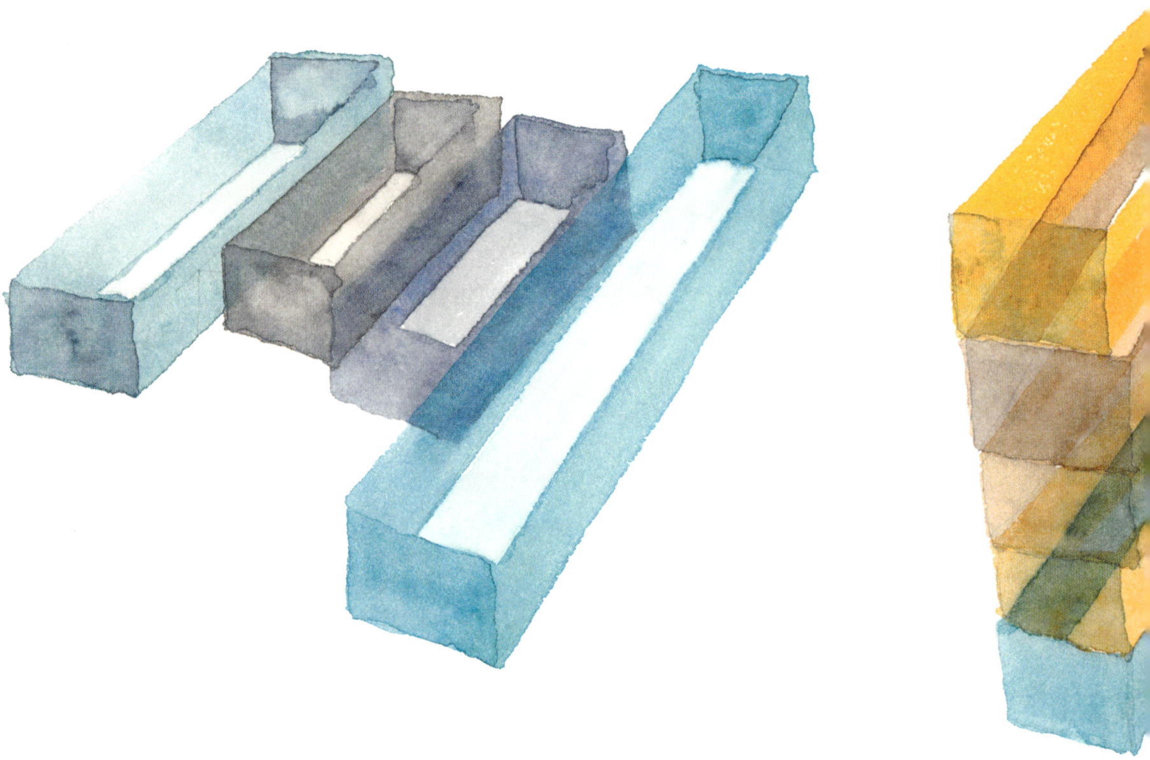

200 201 **25**

LUSTRY ★ PORCELÁN

BUS

210 211 26

232 233 **29**

234 235 **29**

242 243 **29**

252 253 **31**

3

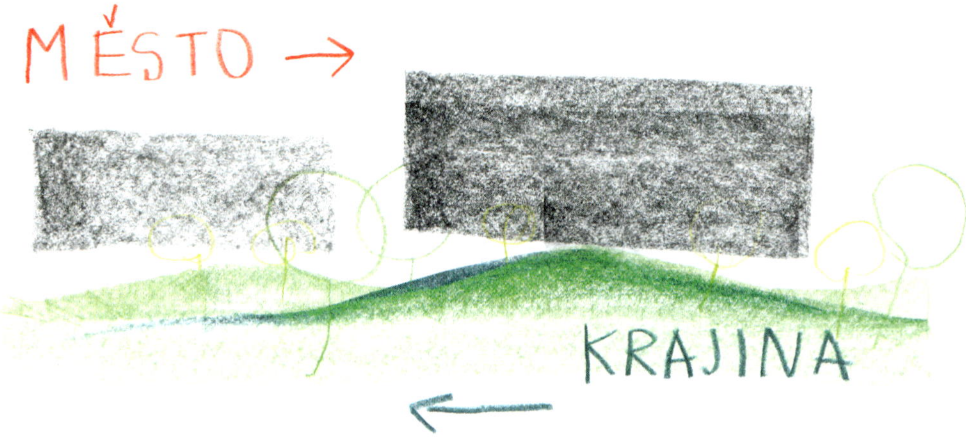
MĚSTO
KRAJINA

MĚSTO
KRAJINA

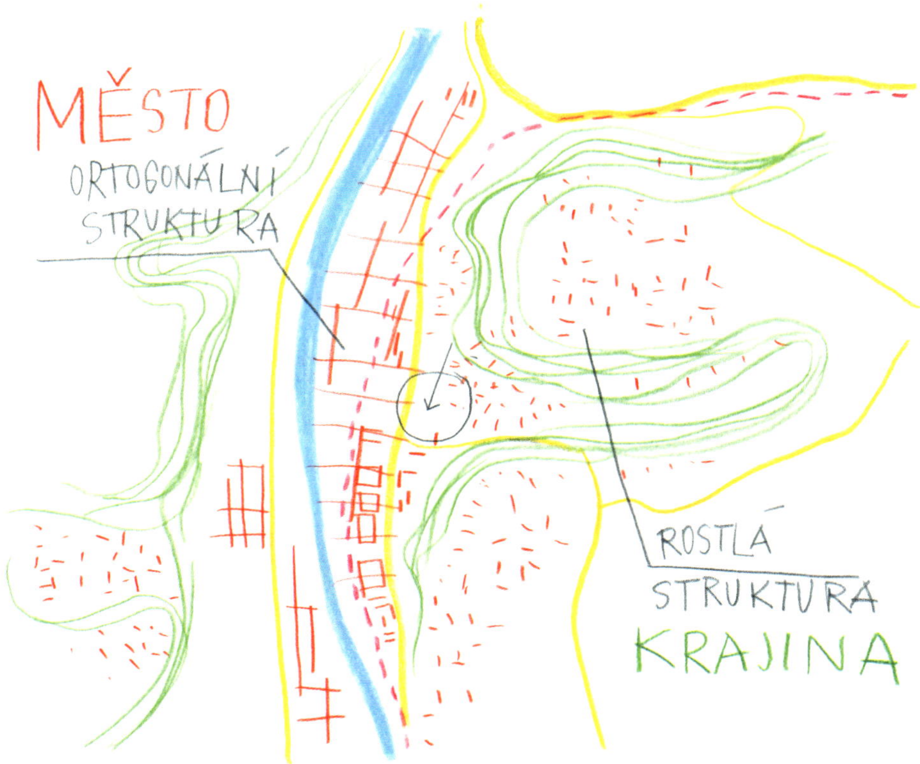
MĚSTO
ORTOGONÁLNÍ
STRUKTURA
ROSTLÁ
STRUKTURA
KRAJINA

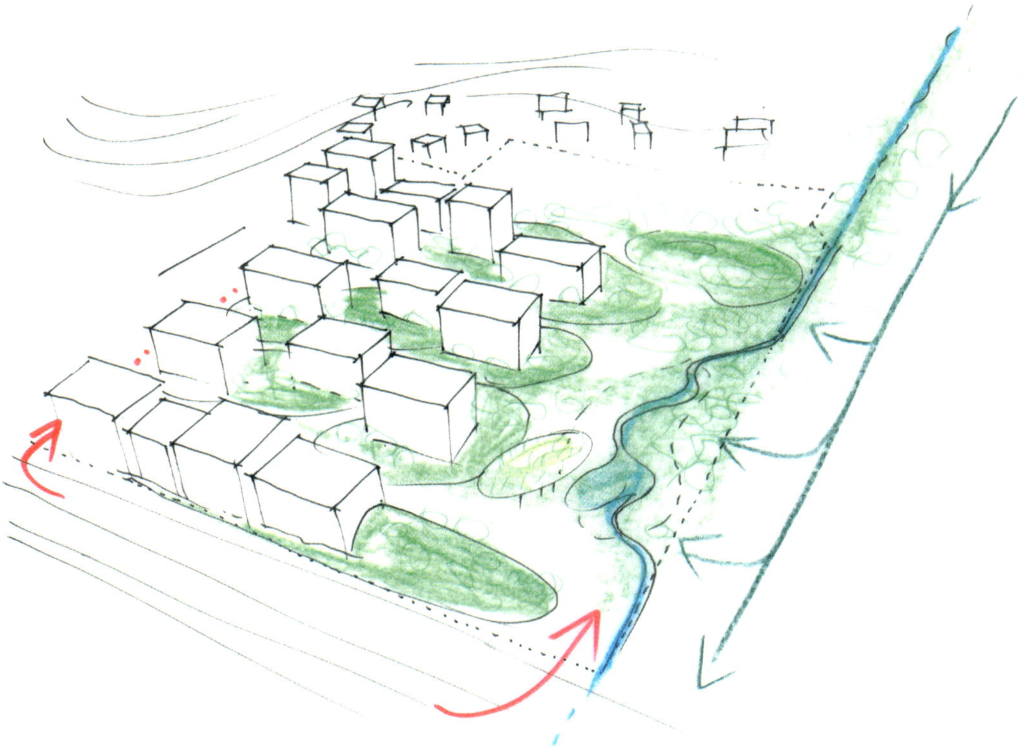

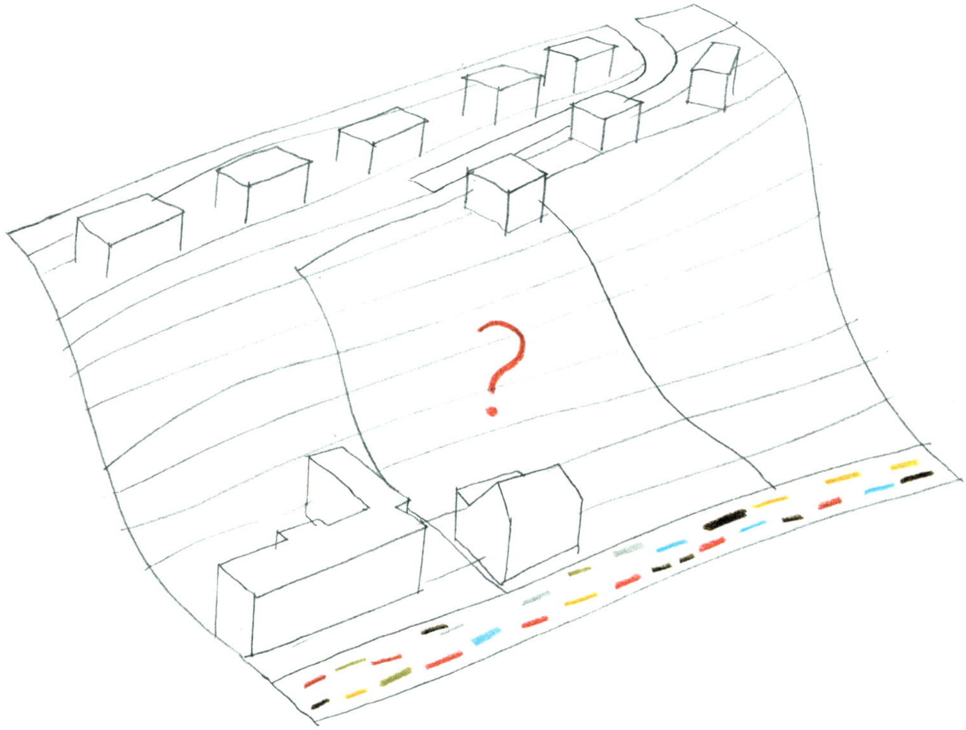

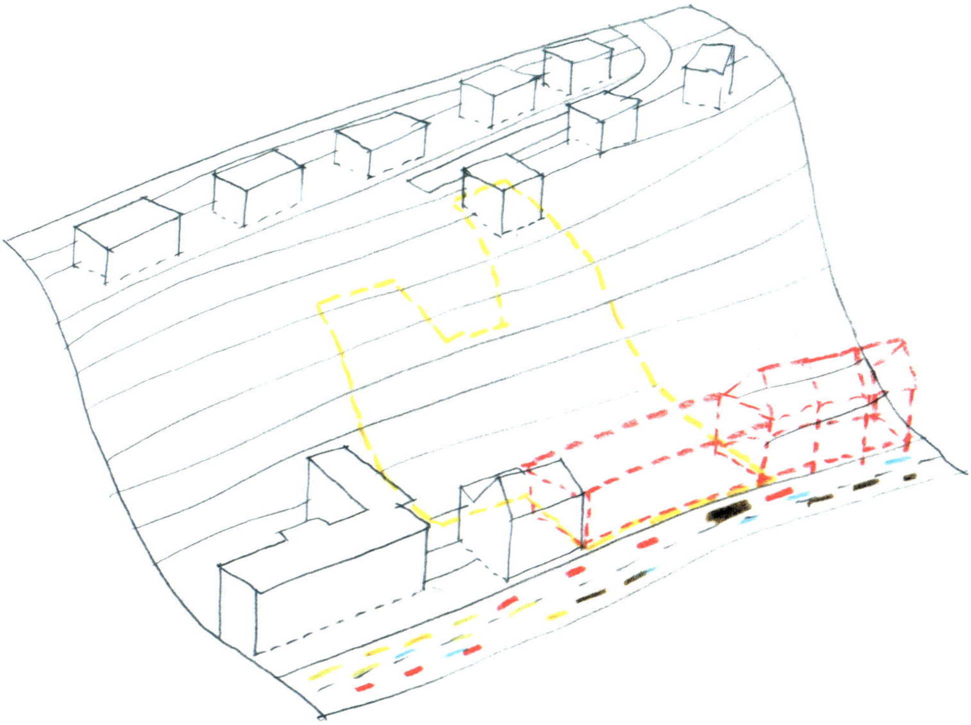

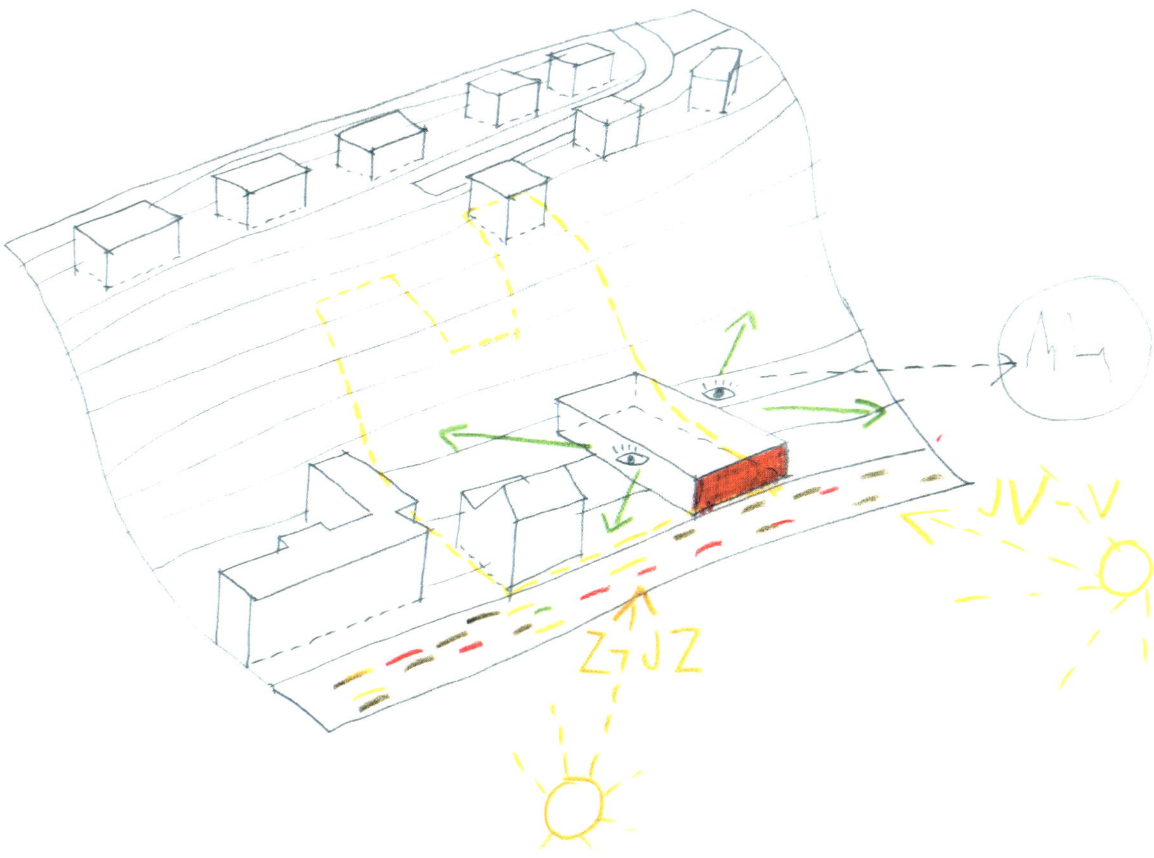
JV - V
Z - JZ

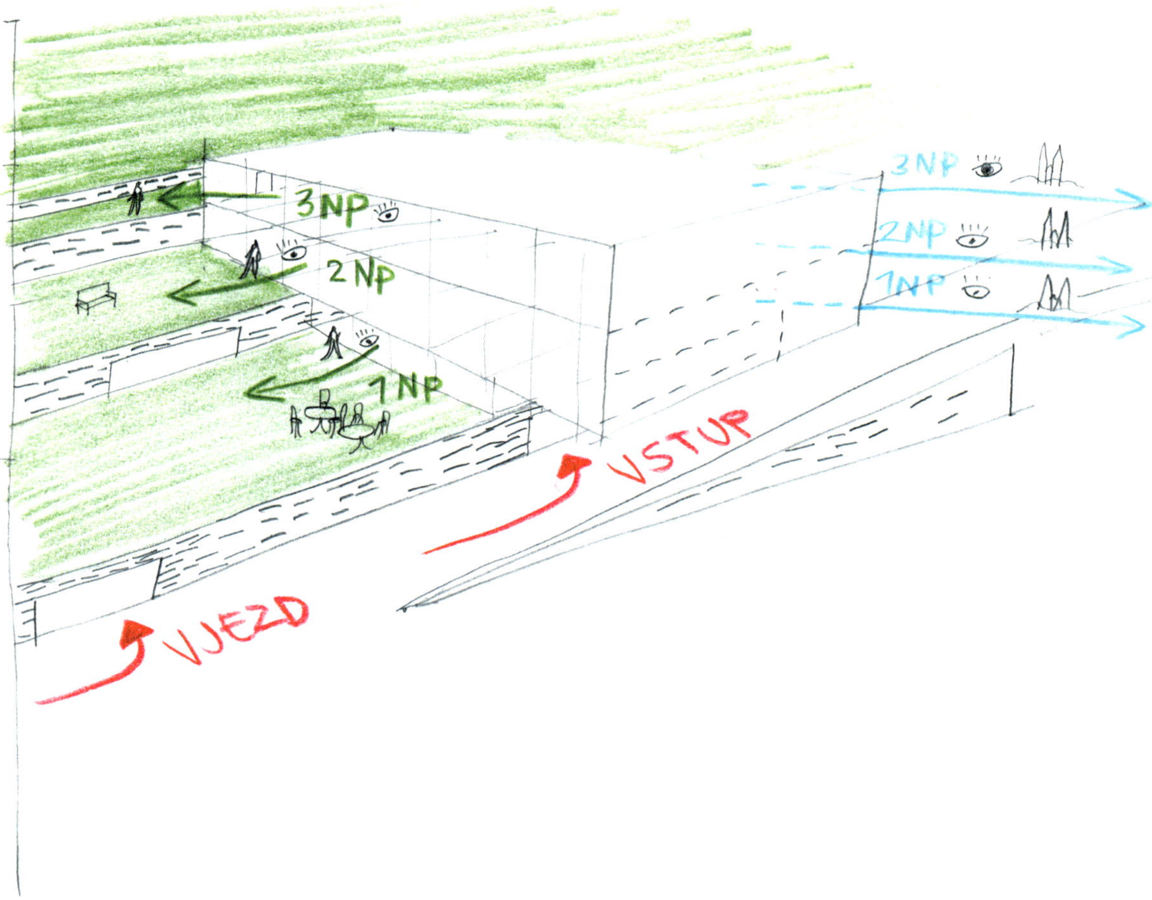
3NP
2NP
1NP
VSTUP
VJEZD
3NP
2NP
1NP

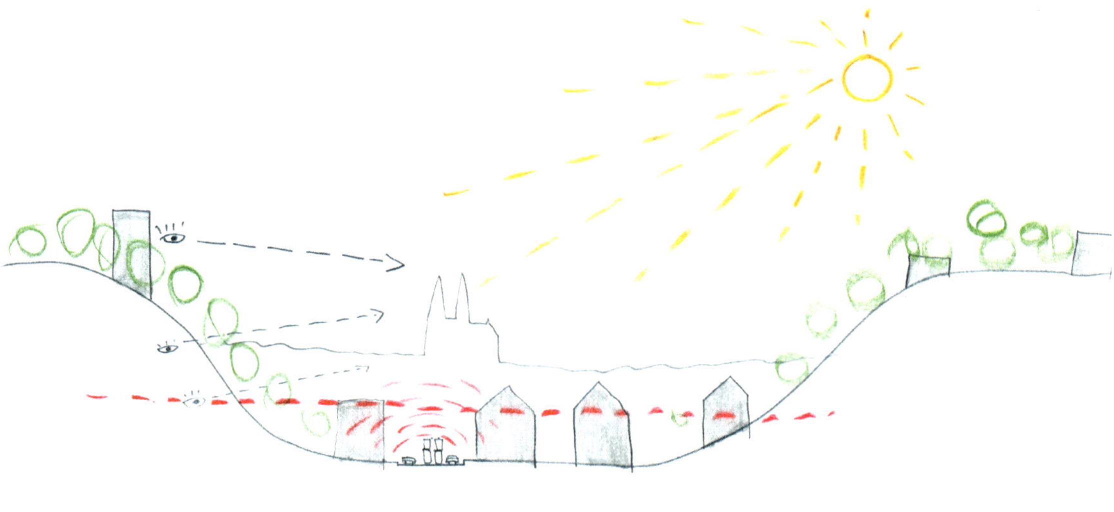

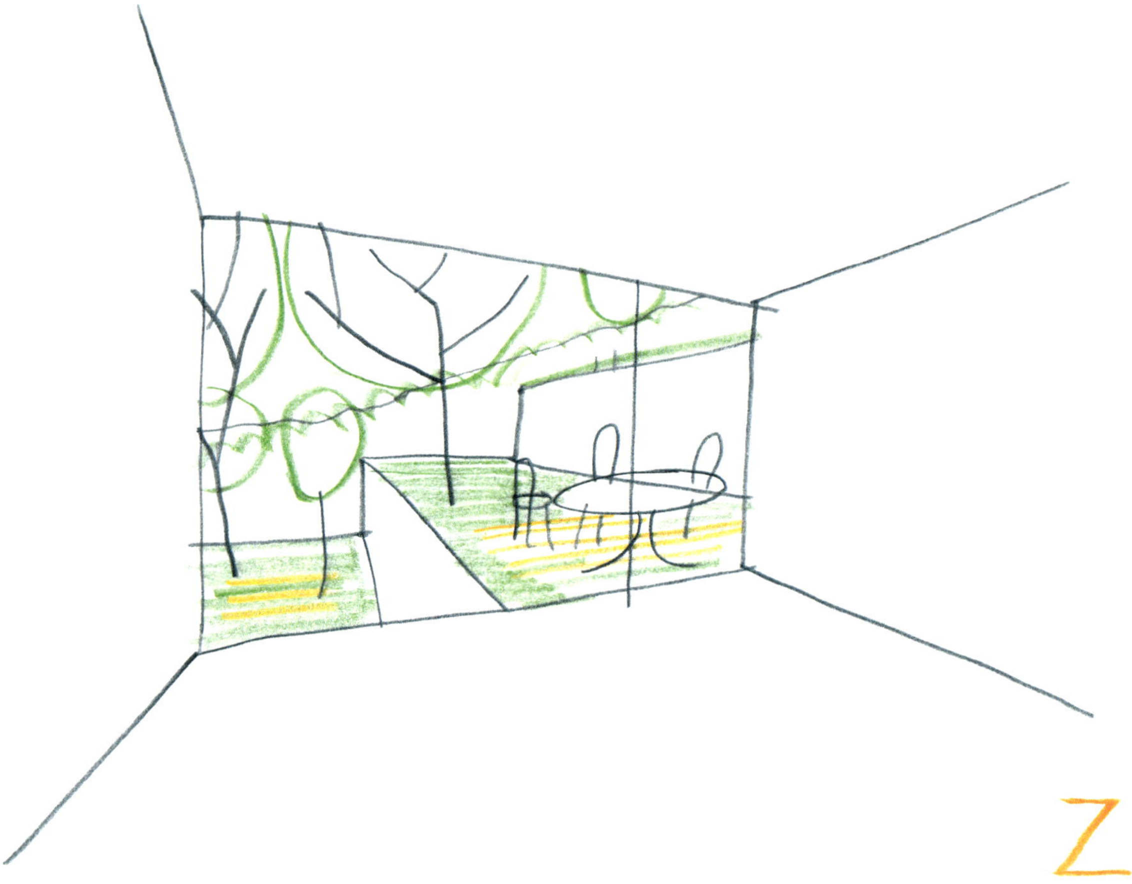
Z

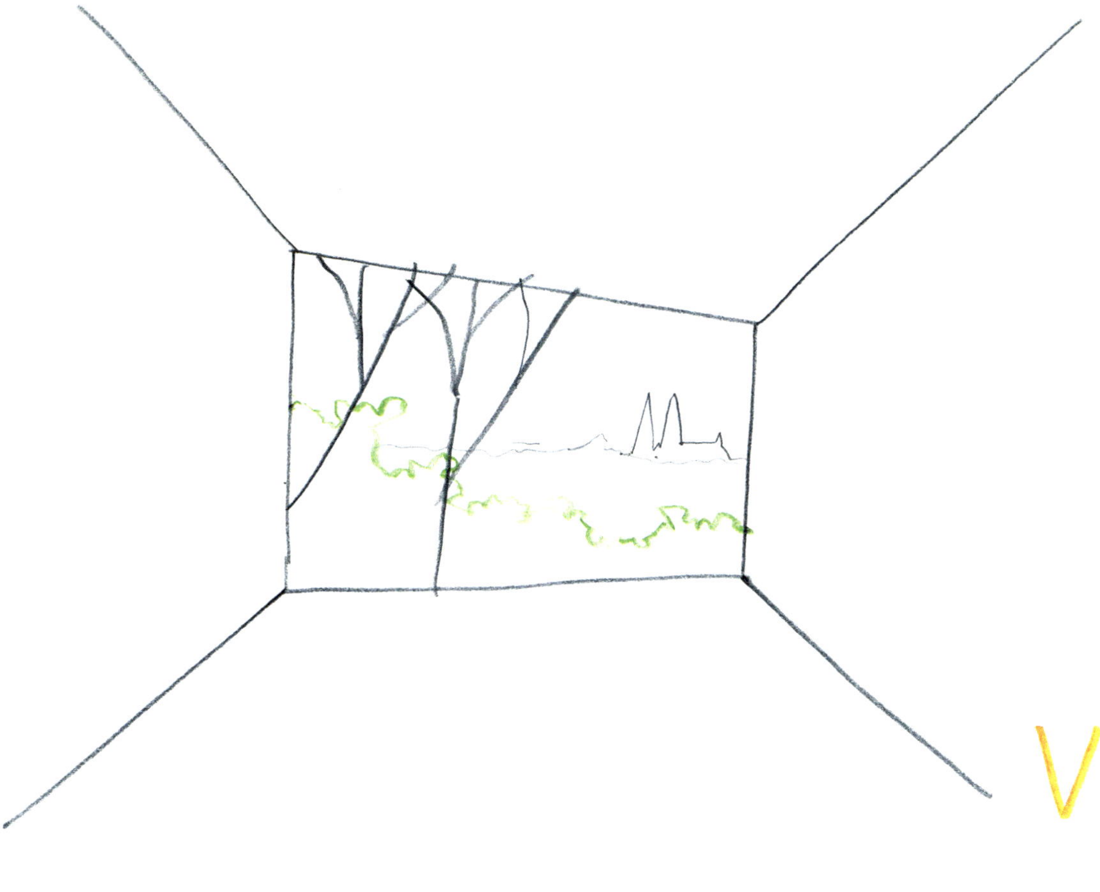
V

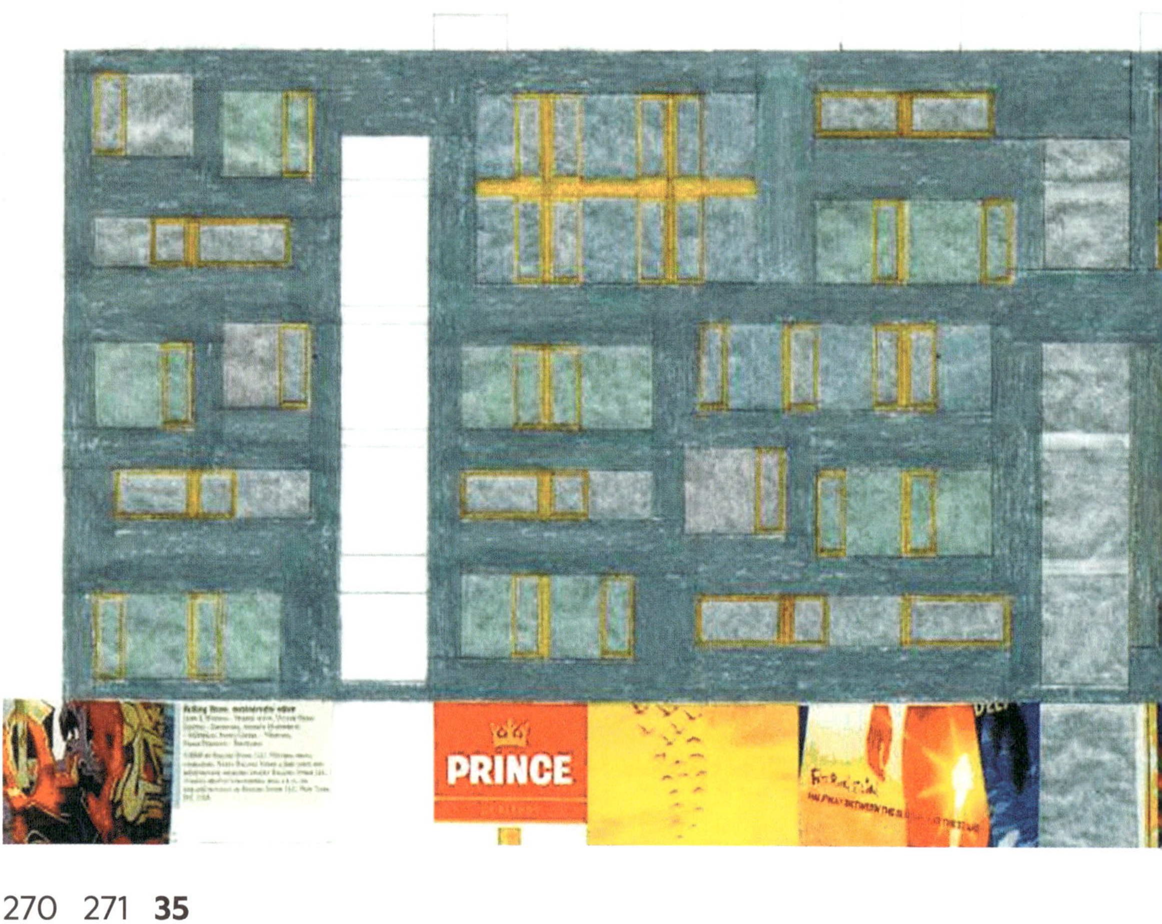
PRINCE

shop—!
ae—!

278 279 **37**

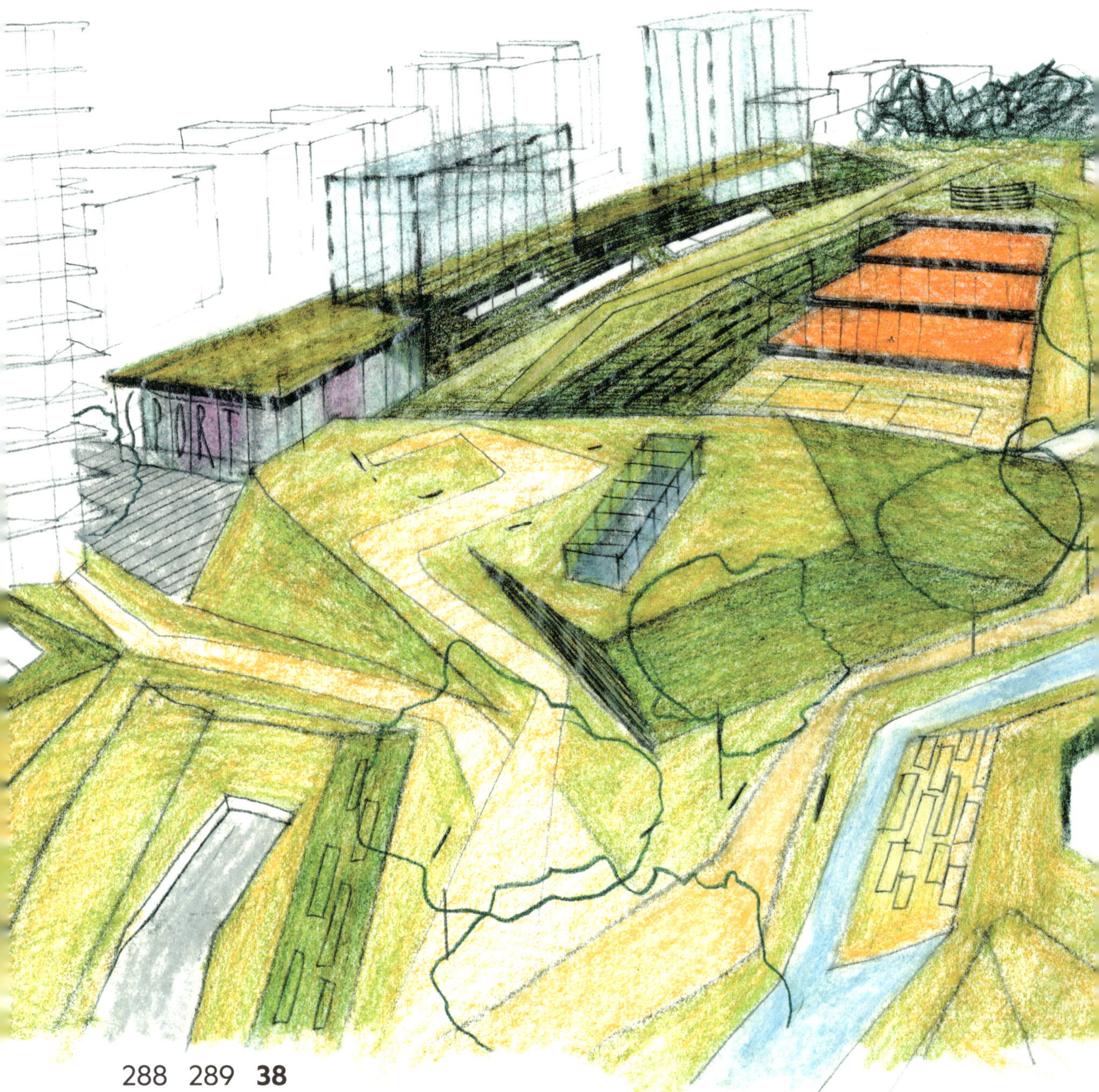
SPORT

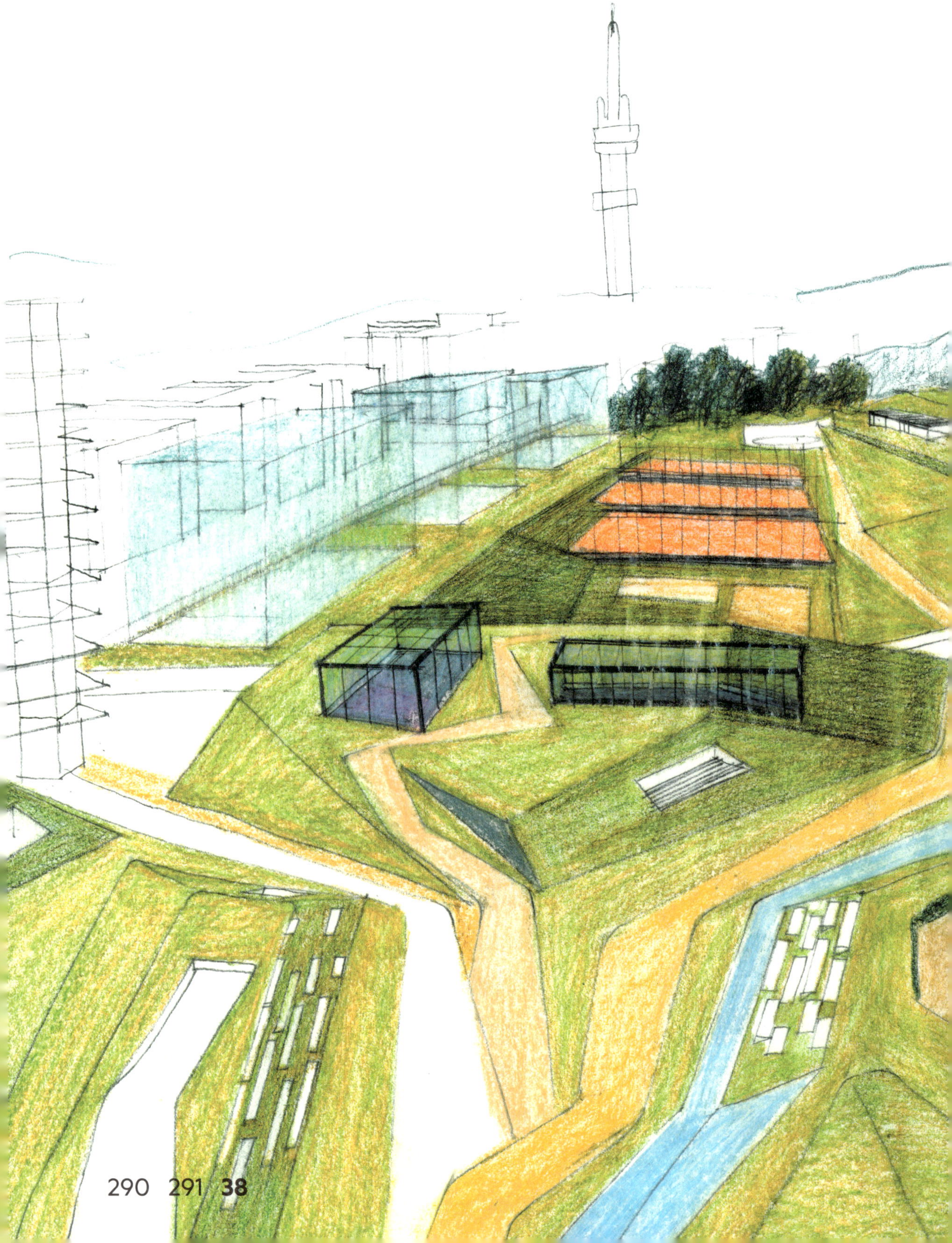

290 291 **38**

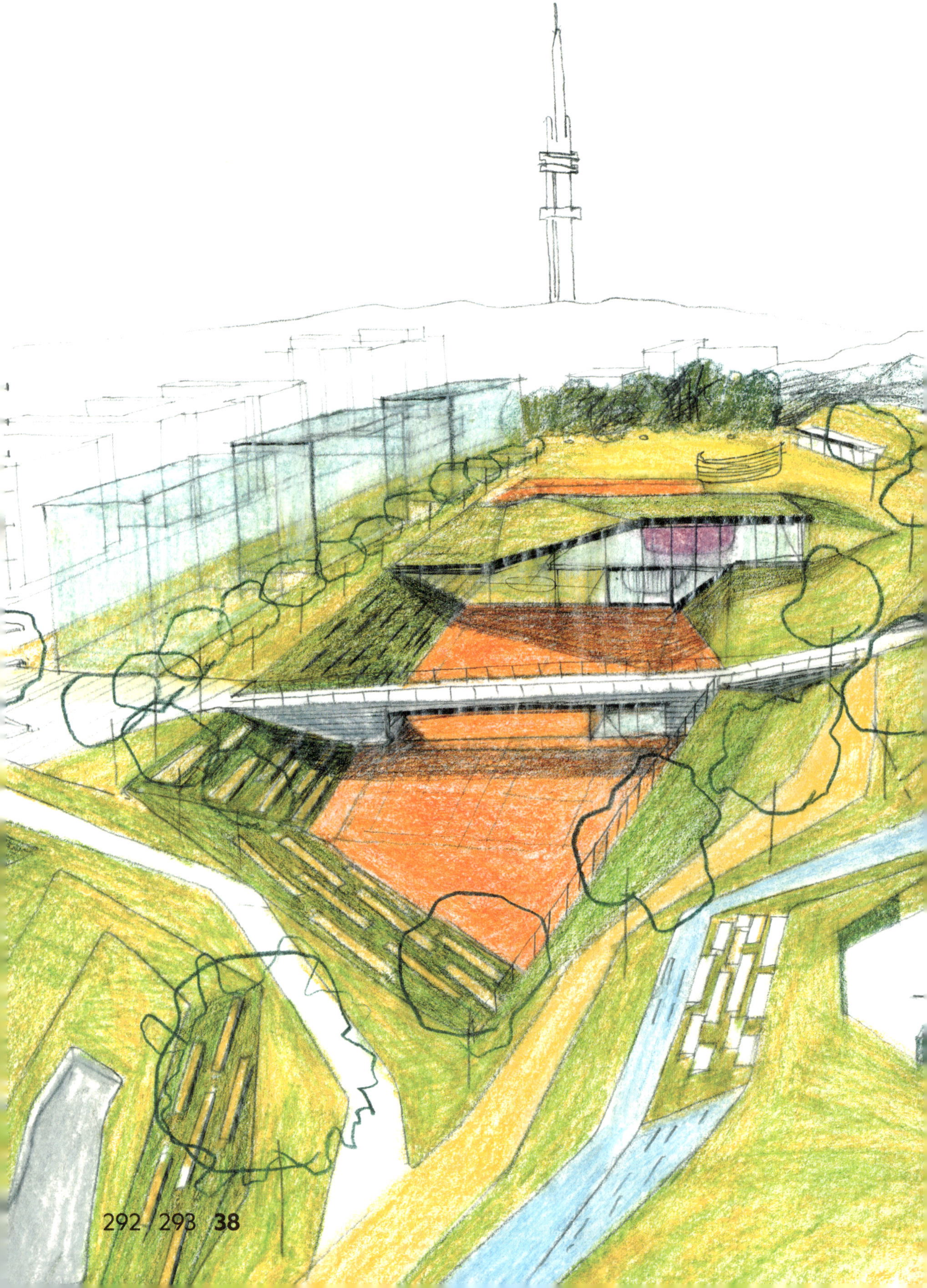

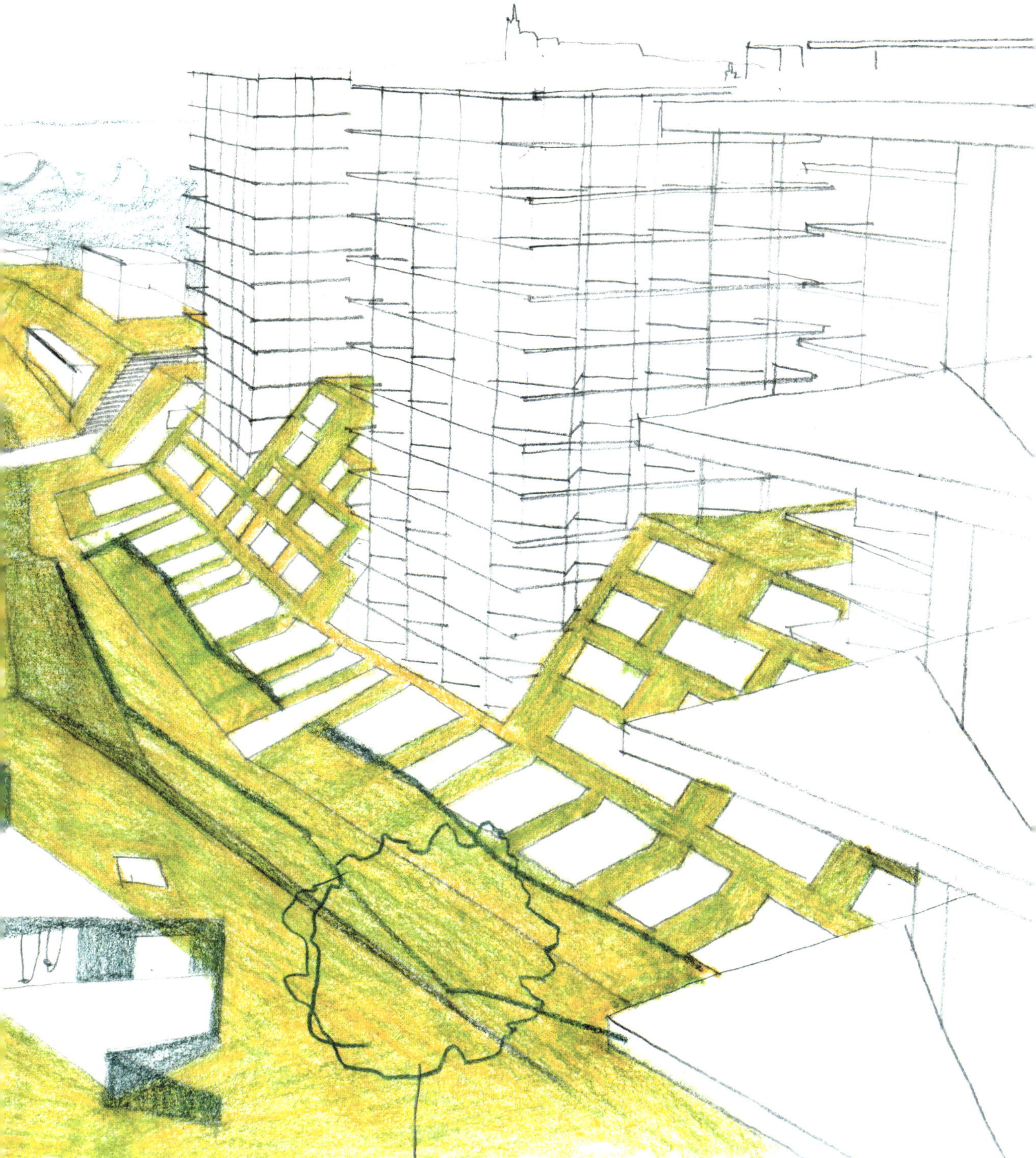

294 295 **38**

306 307 **38**

312 313 **38**

316 317 **38**

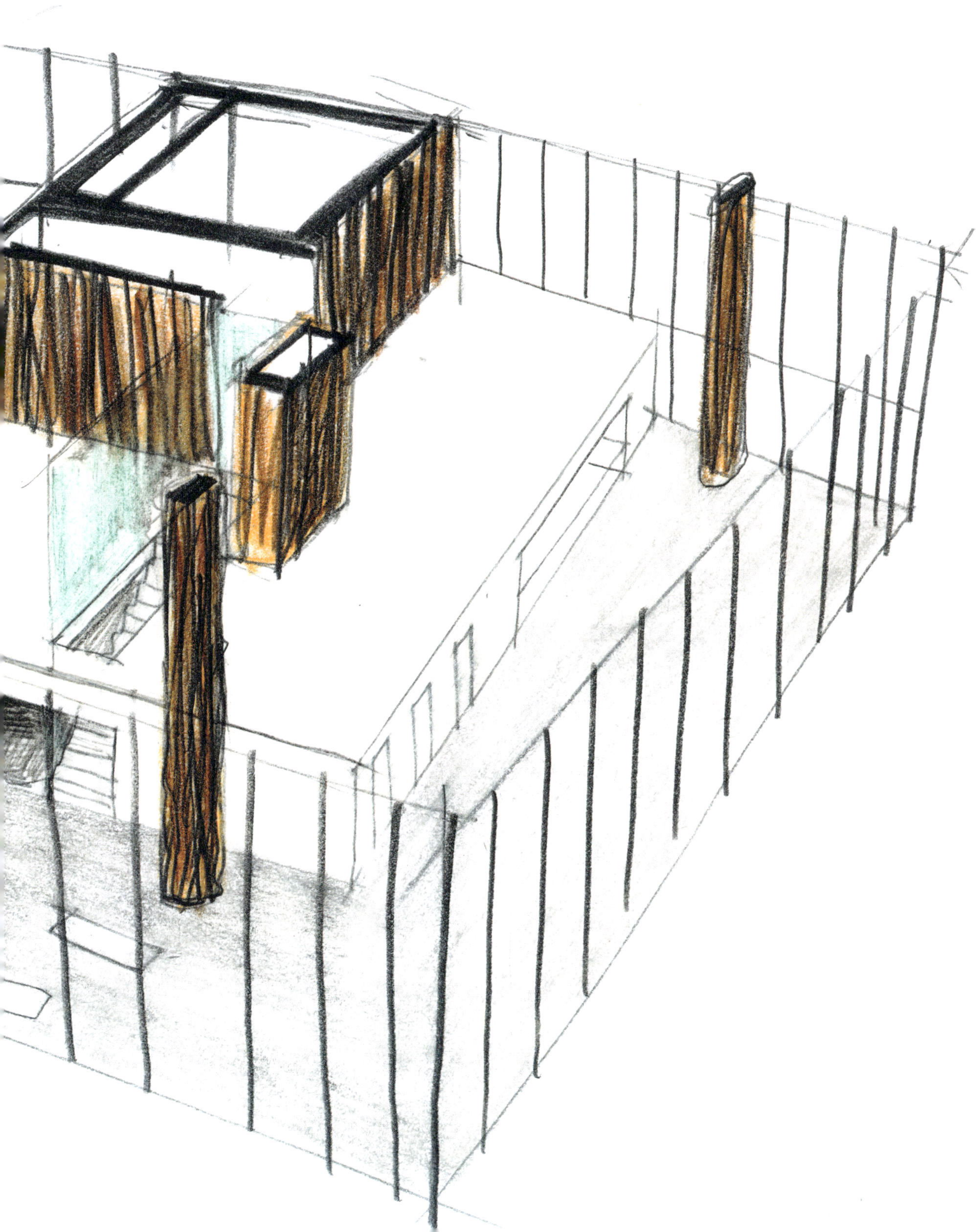

336 337 **38**

338 339 **38**

348 349 **38**

TJ

TJ SOKOL

GOLF
RANGE

toto

zde prosím doklonovat poškozená
a špinavá místa
malinko zvednout kontrast či jas, pozo...

Pozor na tu zel

ohniska
struktura
kombinace

point to point

Litice
system

Plzeň
lokace
NE předpokládané
aktivity
ALE předpokládaná
měřítka
+ měřítko zastavit.
– zeleň ?
Radobyčice
aplikace
parcelace
bydlení
výroba
krajina

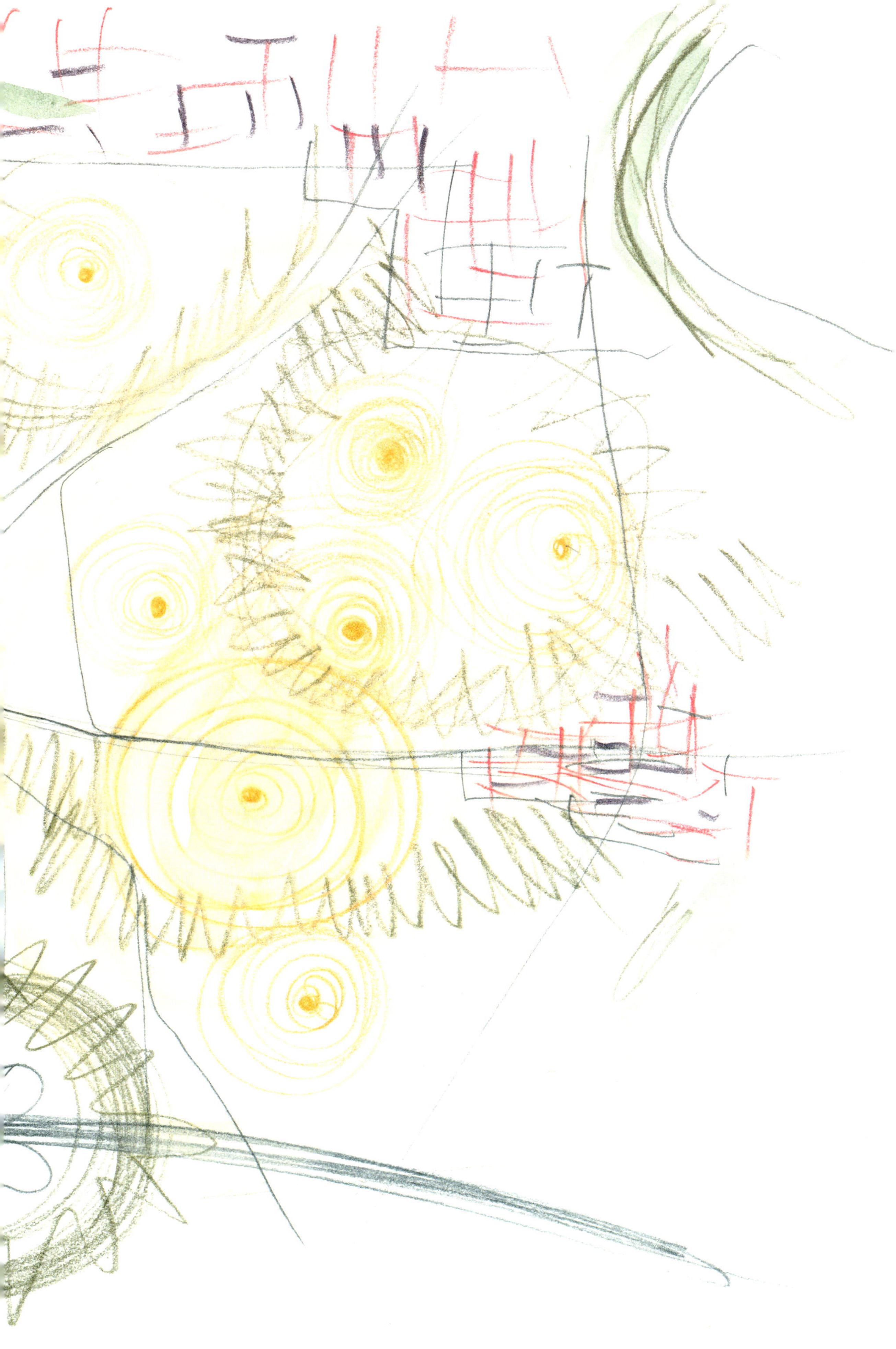

382 383 41

TUCHO

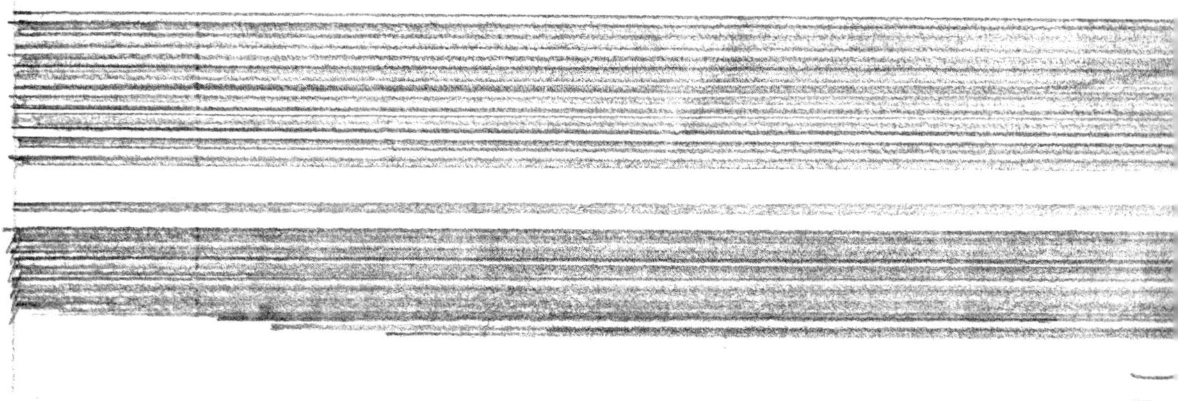

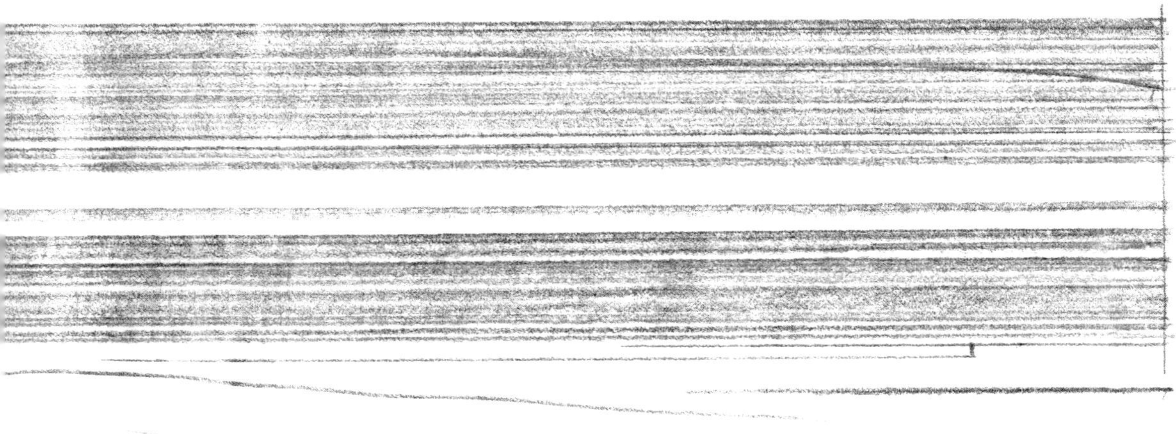

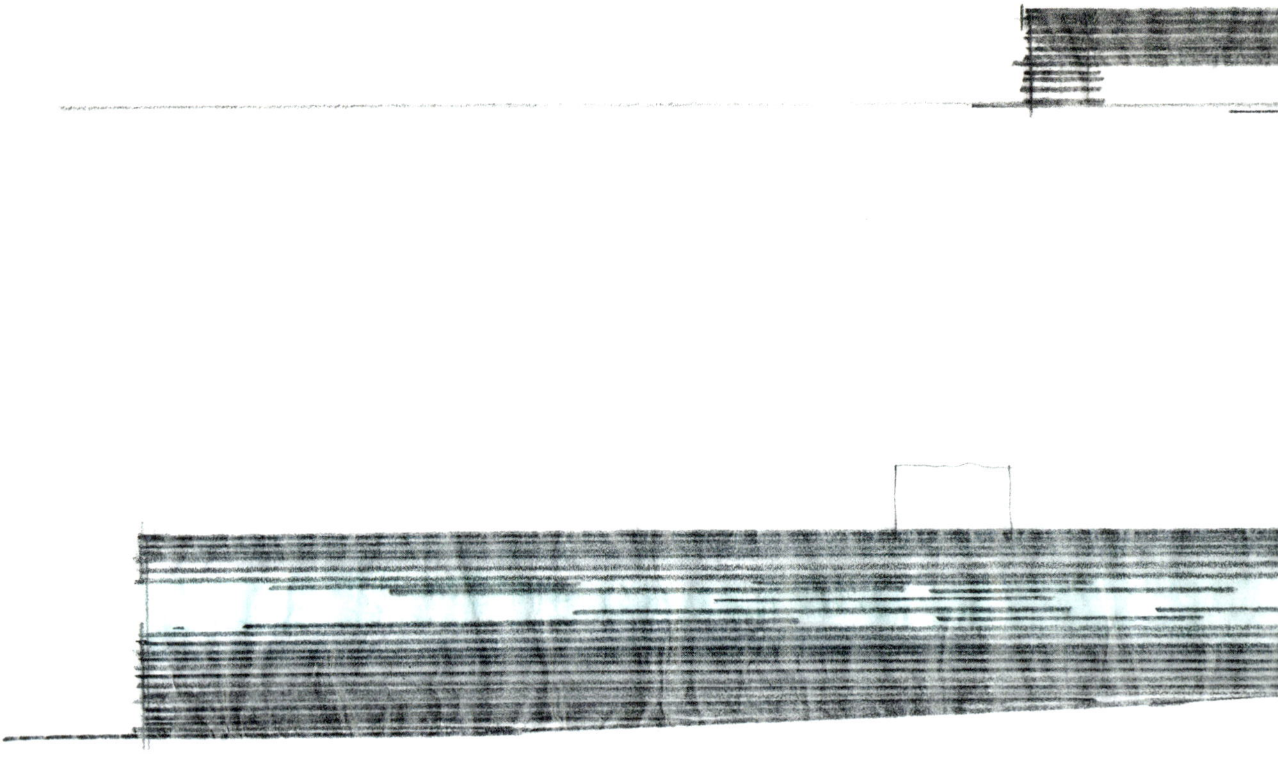

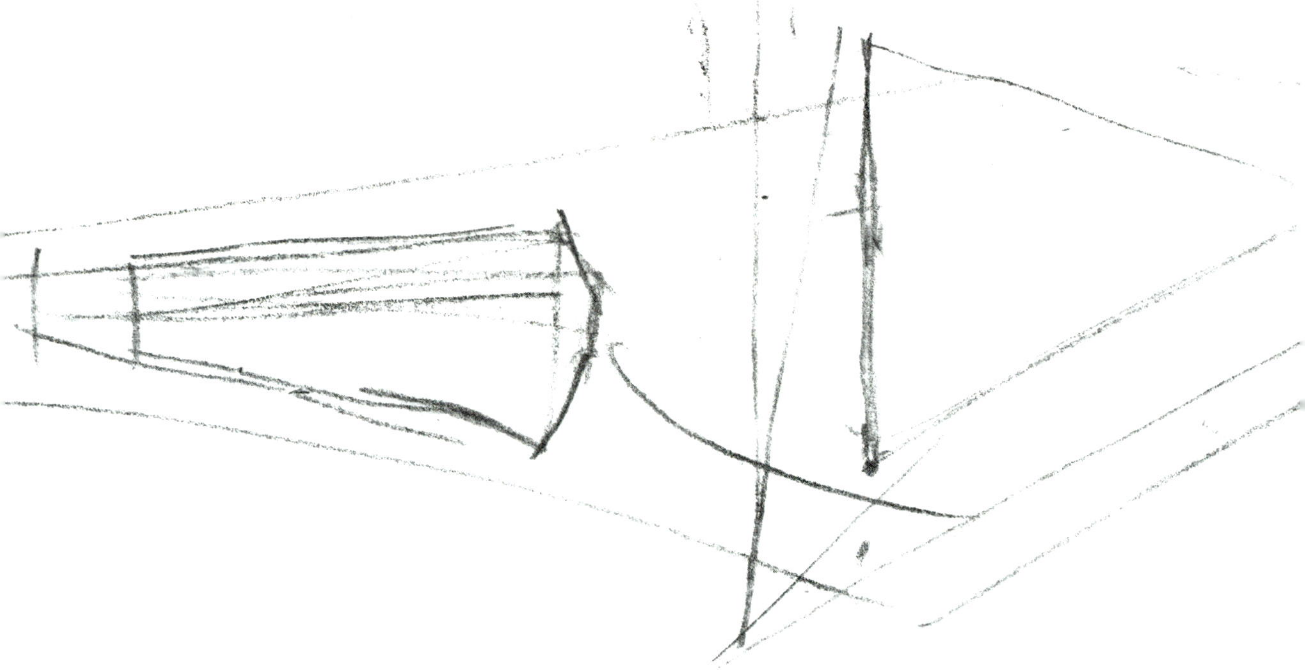

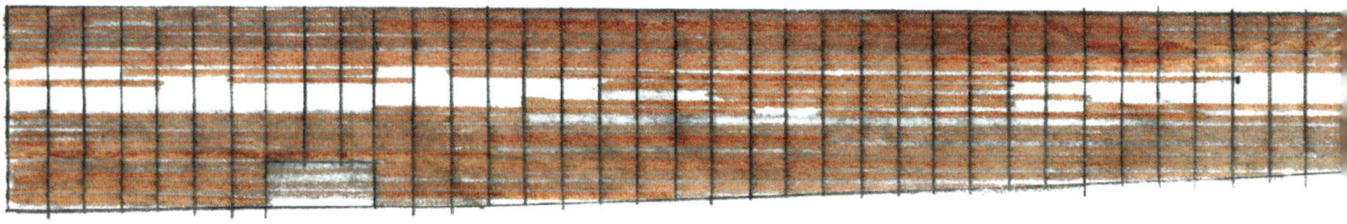

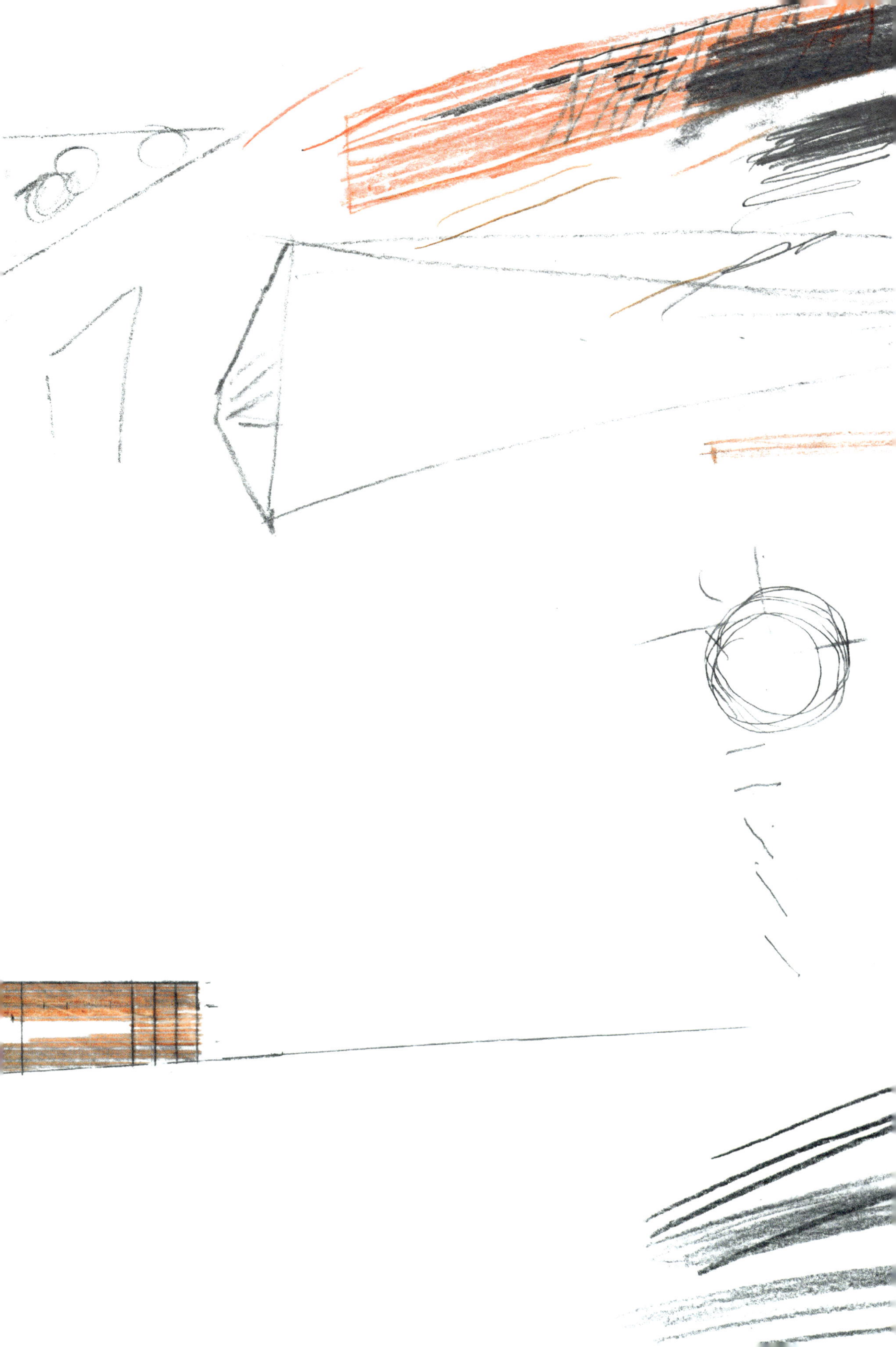

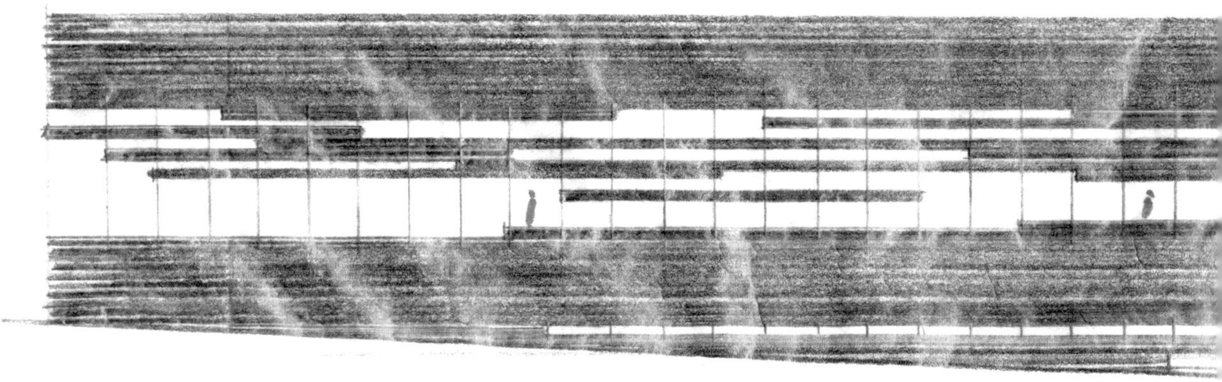

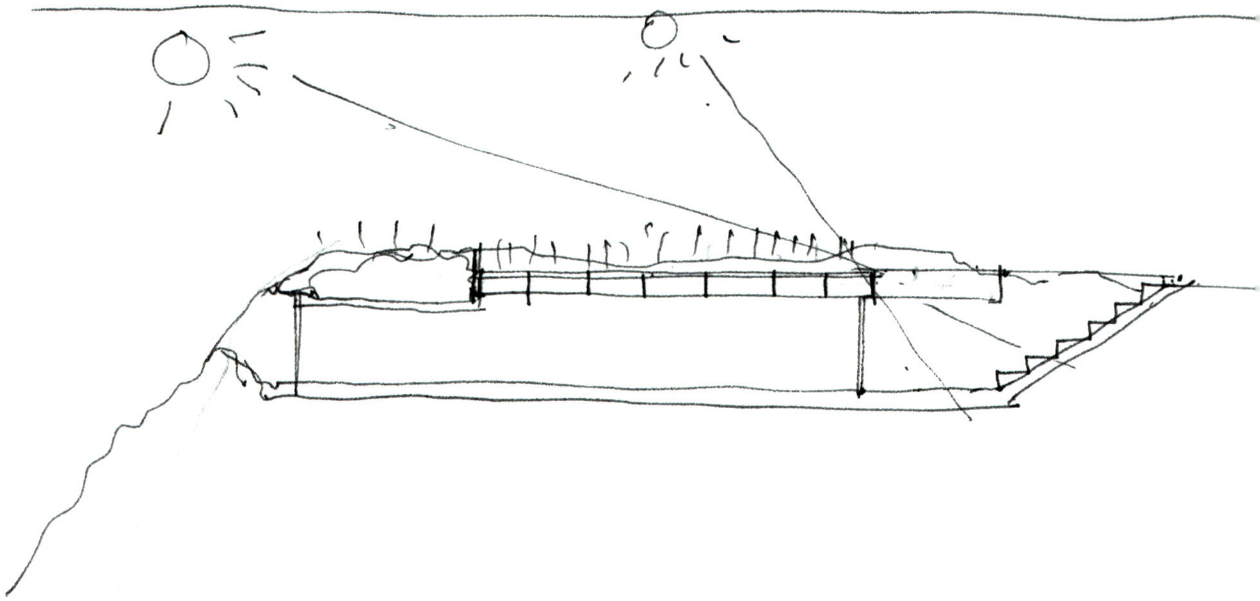

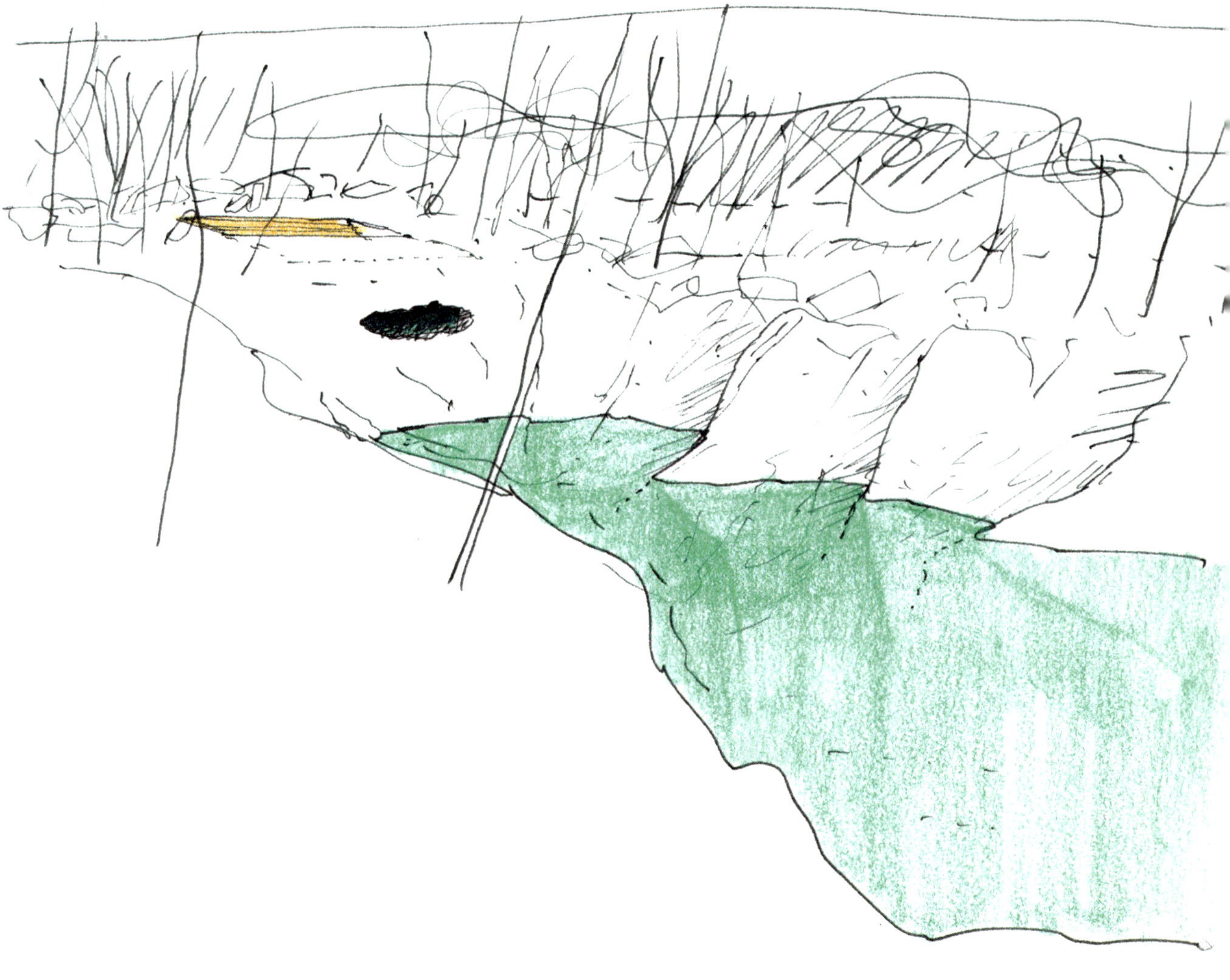

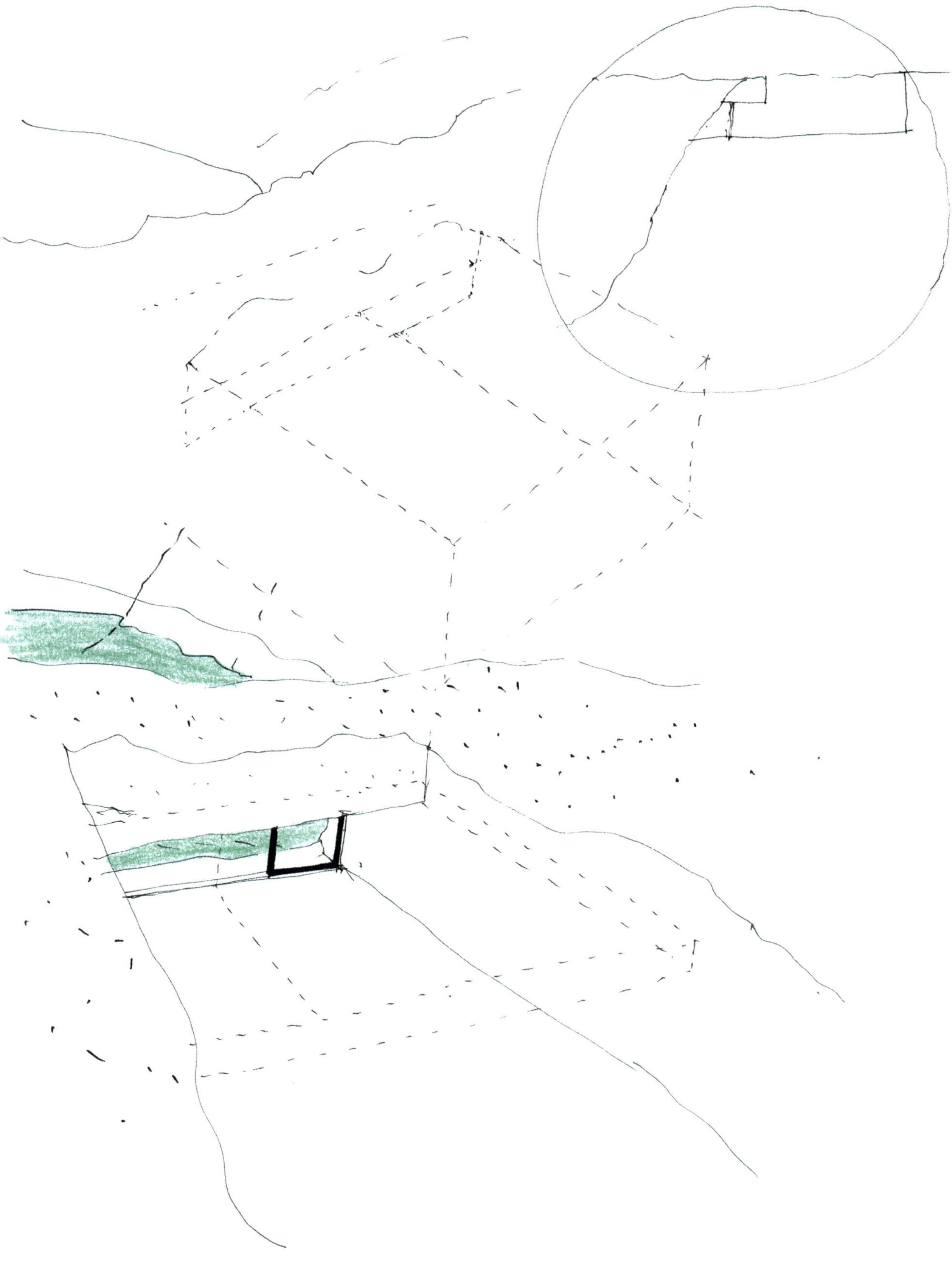

1 - invazivní
2 - neinvazivní
3 - parazitující
1 -

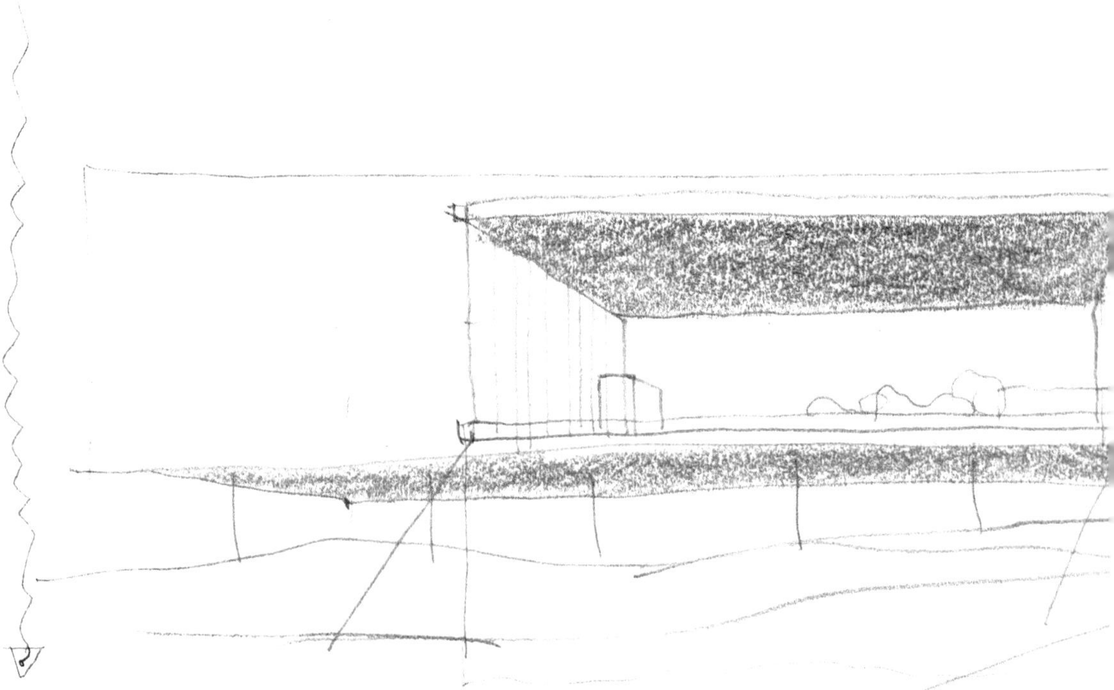

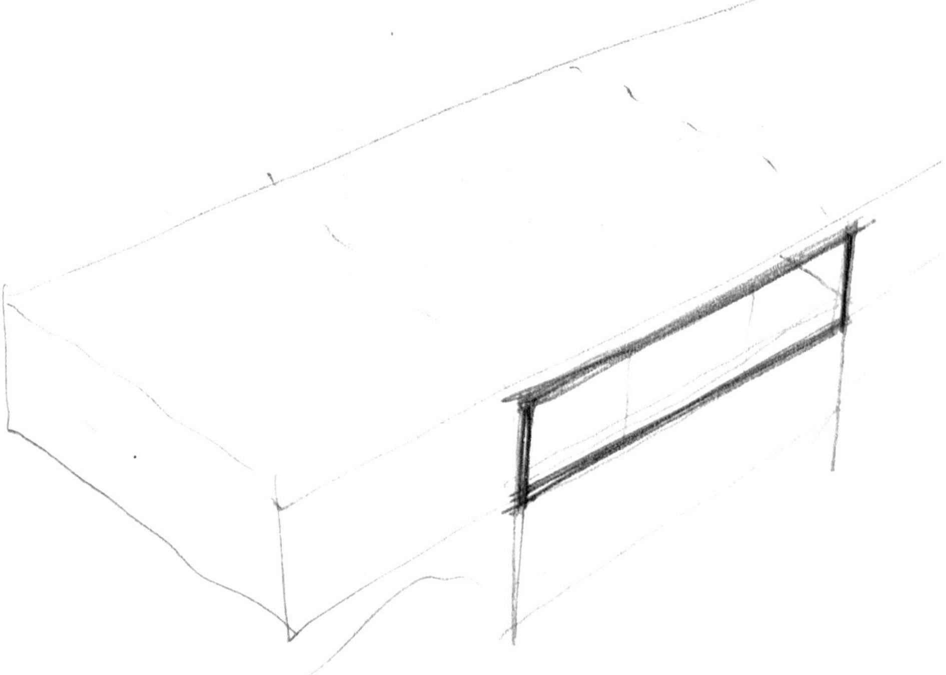

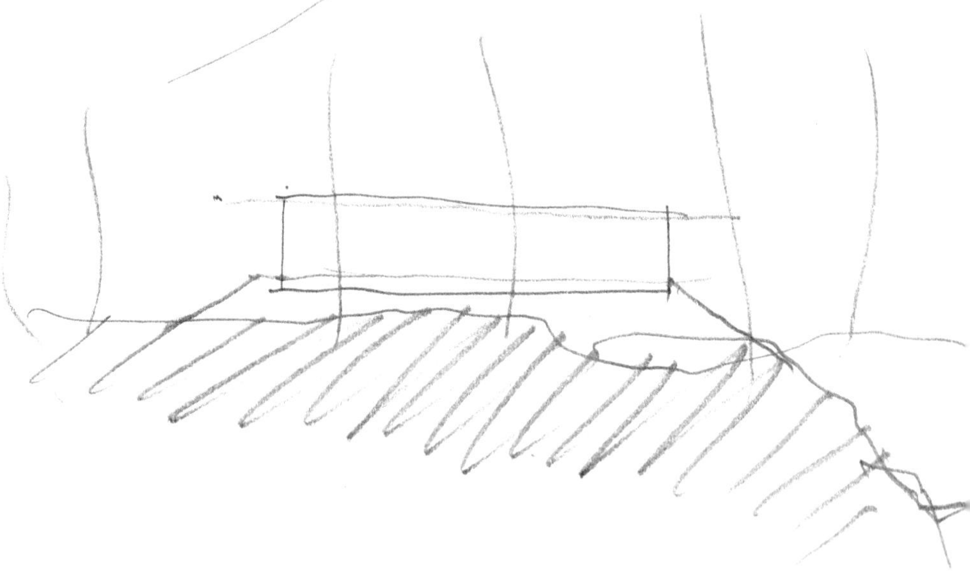

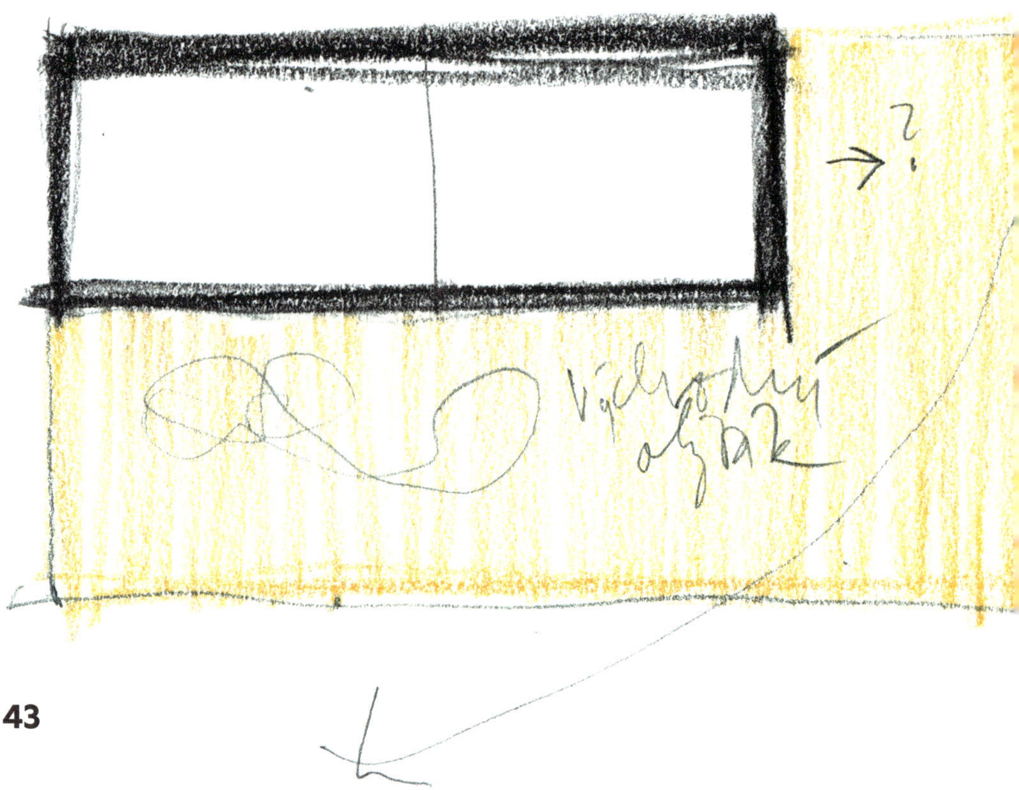

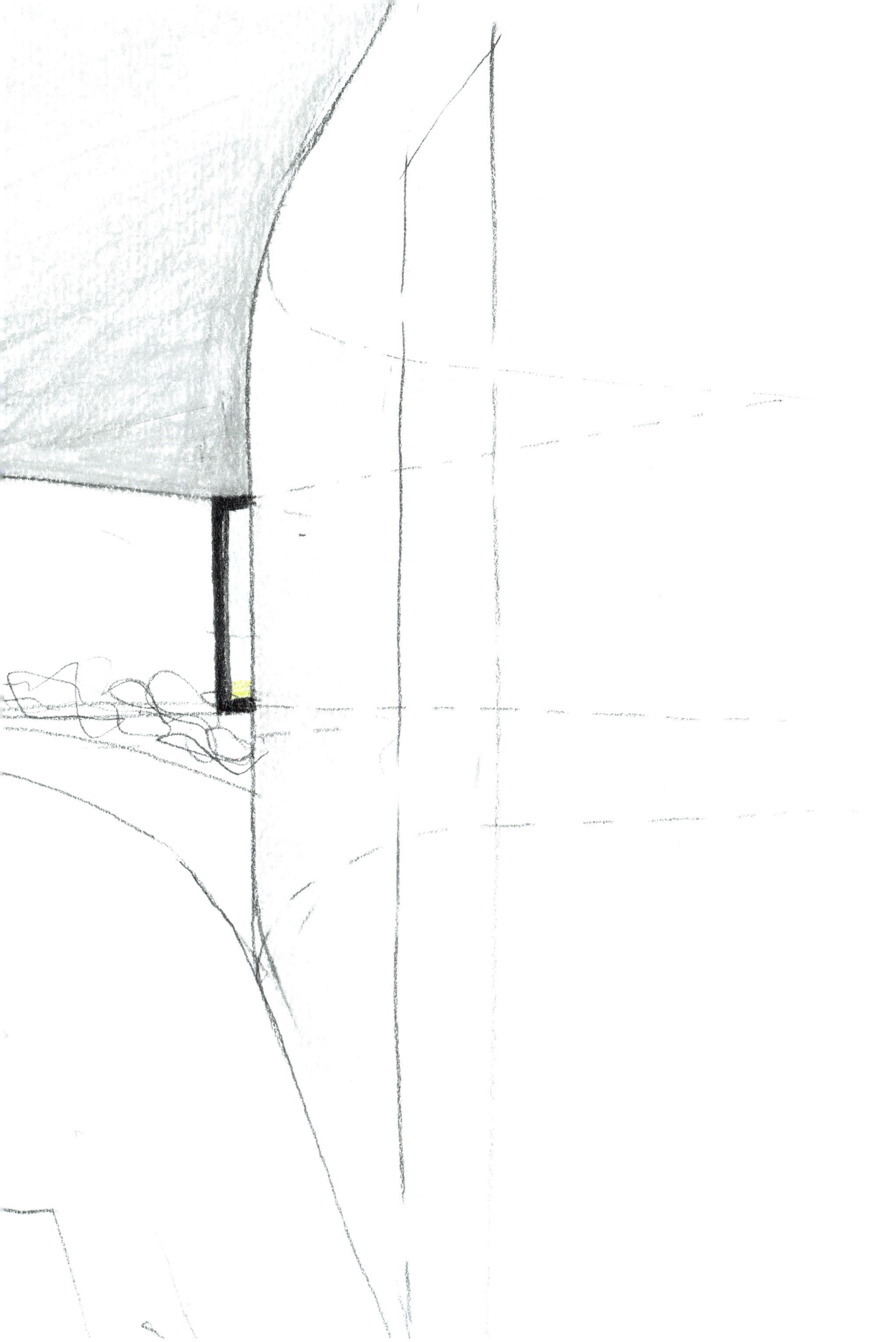

428 429 **43**

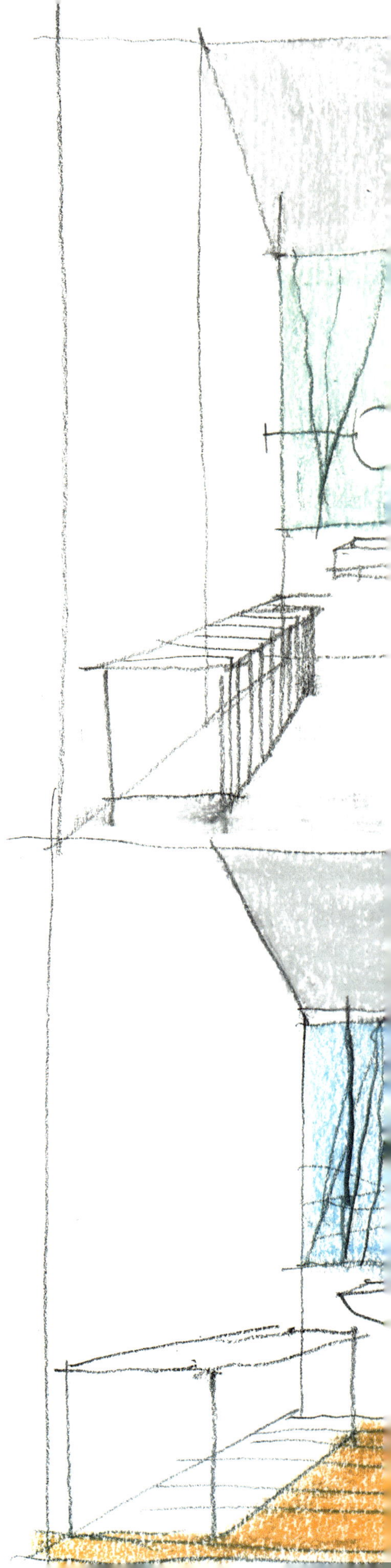

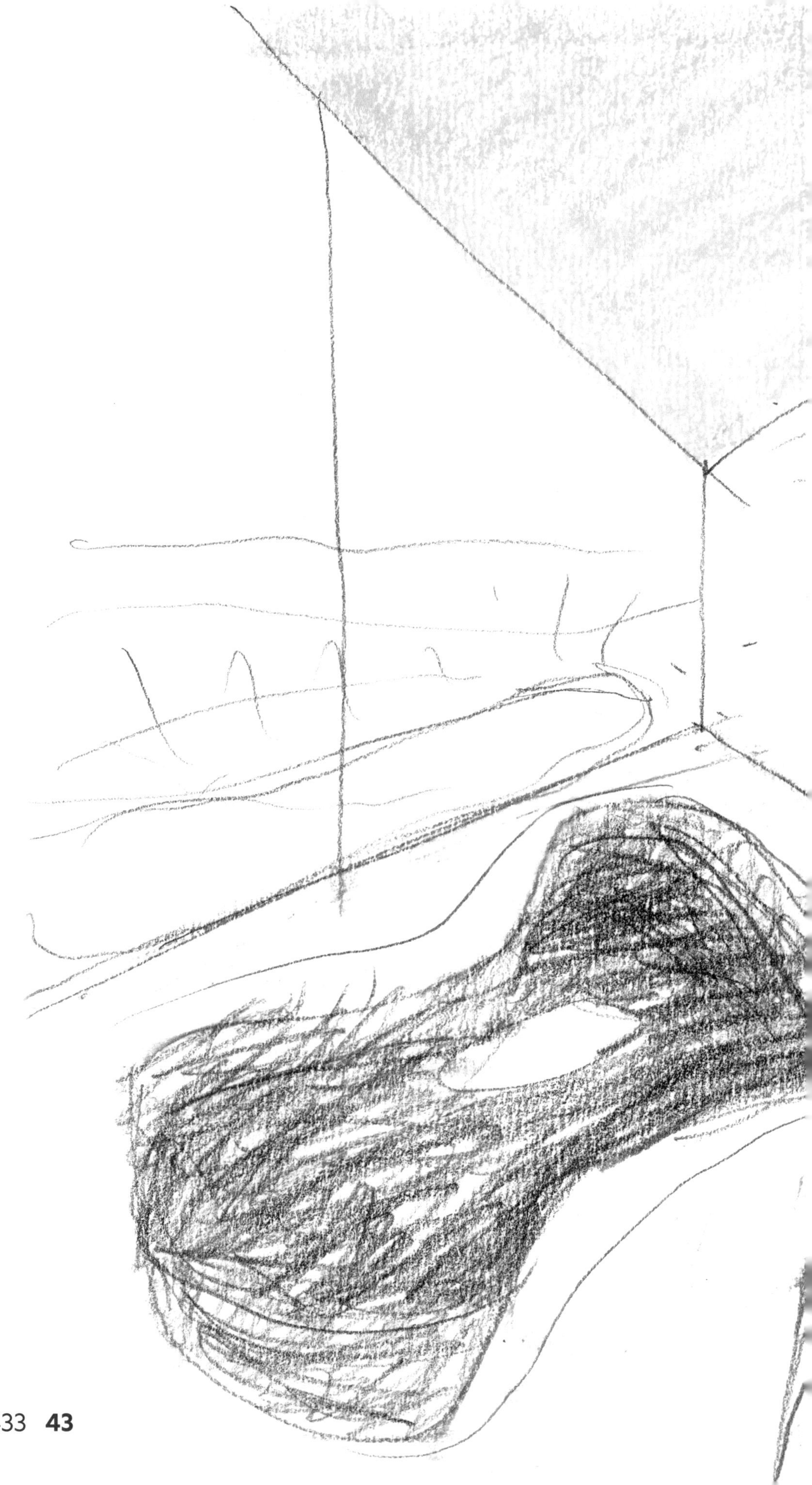

29 3.011

2019

Chateau Jolymont (P)
rekonstrukce zámeckého areálu *reconstruction of the chateau complex*
Bruxelles, B

Terminál Smíchov (P)
transformace Smíchovského nádraží *transformation of railway station Smíchov*
Praha 5 — Smíchov, CZ

Rezidence Nádraží Žižkov, Tři dvory (C)
obytný soubor
residential complex
Praha 3 — Žižkov, CZ

Villa Strahov (R)
rodinný dům *family house*
Praha 6 — Břevnov, CZ

Rezidence Pergamenka (P)
konverze průmyslového areálu Ferona na obytný soubor *conversion of an industrial complex Ferona into a residential complex*
Praha 7 — Holešovice, CZ

Nové Přítočno (P)
nová rezidenční část obce *extension of the village — new part*
Velké Přítočno, CZ

Velké Přítočno (P)
obytný soubor
residential complex
Velké Přítočno, CZ

U Staré cihelny (P)
obytný soubor
residential complex
Praha — Vackov, CZ

Arboretum (C)
obytný soubor
residential complex
Praha 11 — Roztyly, CZ

Liboc (P)
dva rodinné domy
two single-family houses
Praha 6 — Liboc, CZ

Andromeda (C)
obytný soubor
residential complex
Košice, SK

Městská vila (R)
rodinný dům *family house*
Praha 10, CZ

Velká Pachmanka (P)
dva rodinné domy
two single-family houses
Praha 6 — Šárecké údolí, CZ

2018

PHQ ČSOB (C)
administrativní budova
office building
Pardubice, CZ

Alfa (P)
bytový dům *residential house*
Praha 13 — Stodůlky

Barrandov Západ (S)
územní studie *planning study*
Praha 5 — Barrandov, CZ

Kaskády Barrandov 4. etapa (P)
obytný soubor
residential complex
Praha 5 — Barrandov, CZ

Methana (S)
koncept rozvoje přístavního města *concept of a port city development*
Methana, GR

Luisny lázně — plocha P32 a plocha hotelu Slovan (S)
územní studie *planning study*
Františkovy Lázně, CZ

Luisiny lázně (P)
rehabilitační ústav
convalescent facility
Františkovy Lázně, CZ

Motolské údolí II (S)
urbanistická studie
urban planning study
Praha 5 — Motol, CZ

Libeň (P)
rodinný dům *family house*
Praha 8 — Libeň, CZ

Microverse (P)
rodinný dům *family house*
Uhříněves, CZ

Ponavia Park (R)
obytný soubor
residential complex
Brno, CZ

Klárov (S)
urbanistická koncepční studie *urban planning concept*
Praha 1 — Klárov, CZ

Altán (P)
altán pro domov seniorů
pavilion for the retirement home
Uhlířské Janovice, CZ

Studie dopravních uzlů (S)
urbanisticko-dopravní studie
urban planning and traffic study
Praha 5 — Smíchov, CZ

Výtahy Schmitt + Sohn (C)
kancelářská budova
office building
Karlovy Vary — Jenišov, CZ

Knihovna Cheb (P)
rekonstrukce a přístavba městské knihovny
remodeling and extension of the Municipal library
Cheb, CZ
05 34—39

Nová Zbrojovka (C)
urbanistická studie obytného souboru *concept of the residential complex*
Brno — Zábrdovice, CZ

Na Dlážděnce (R)
rodinný dům *family house*
Praha 7 — Troja, CZ

Bytové domy Sokolov (P)
bytový dům
apartment building
Sokolov, CZ

Rogoznica (R)
pobřežní vila *beach house*
Rogoznica, Chorvatsko

Cesty k řece (C)
urbanistická studie
urban planning study
Uherské Hradiště, CZ

Vrakuňa (C)
urbanistická studie obytného souboru *concept of the residential complex*
Bratislava — Vrakuňa, SK

Smíchov City — Sever (S)
urbanistická studie městské čtvrti *urban planning study of urban district*
Praha 5 — Smíchov, CZ

Smíchov City SM 1 (P)
administrativní budova
office building
Praha 5 — Smíchov, CZ

Buďánka veřejný prostor (C)
urbanistická studie
urban planning study
Praha 5 — Smíchov, CZ

Centrum obce Tuchoměřice (C)
urbanistická studie — zastavovací plán *urban planning study — layout plan*
Tuchoměřice, CZ
41 382—391

2017

Rezidence Oliva a Olivka (P)
polyfunkční dům a MŠ
multifunctional building and Kindergarten
Praha 4, CZ

Botanická zahrada (C)
soutěžní projekt areálu zahrady *proposal for an extension of the botanical garden*
Praha 7 — Troja, CZ

Buďánka Sazka (P)
rekonstrukce budovy
building reconstruction
Praha 5 — Smíchov, CZ

cLOSERs VNITROBLOCK (P)
variabilní prostor
flexible space
Praha 7 — Holešovice, CZ

Piano (P)
bytový dům
apartment building
New York — Harlem, USA

Dům Loď (R)
rodinný dům *family house*
Jesenice u Chebu, CZ

V Lipách (R)
interiér rodinného domu
interior of the family house
Cheb, CZ

Želva (S)
urbanistická studie
urban planning study
Cheb, CZ

Chata Přelouč (P)
chata *cabin*
Přelouč, CZ

Chodov (S)
studie zastavitelnosti
feasibility study
Praha 11 — Chodov, CZ

Revitalizace veřejného prostoru (R)
úpravy veřejných ploch
renovation of public spaces
Luby, CZ

Francouzská Brno (C)
obytný soubor
residential complex
Brno, CZ

Jizerka Retail Center (P)
polyfunkční soubor
multifunctional complex
Praha 9, CZ

Pramen Natálie (P)
rekonstrukce lázeňské kolonády *renovation of the spa colonnade*
Františkovy Lázně, CZ

Husinec (P)
rodinný dům *family house*
Řež U Prahy, CZ

Slivenec (R)
rodinný dům *family house*
Praha 5 — Slivenec, CZ

Pod Lipkami (P)
novostavba a rekonstrukce rodinných domů *new family house and renovation of the family house*
Praha 5 — Smíchov, CZ

Tmaň Yard (P)
dům pro seniory
retirement home
Beroun, Tmaň, CZ

U Dvou srpů (P)
bytový dům
apartment building
Praha 5 — Košíře

2016

Cvernovka (P)
konverze průmyslového areálu na obytný soubor
conversion of an industrial complex into a residential complex
Bratislava, SK

Křeslice (P)
ověřovací studie obytného souboru *feasibility study of a residential complex*
Praha — Křeslice, CZ

Mise NY (P)
rekonstrukce Budovy Stálé mise ČR při OSN *Renovation of the Permanent mission of the Czech rep. to the UN*
New York, USA

Smíchov City (P)
koncepce a koordinace tvorby veřejných prostranství
conception and coordination of public space creation
Praha 5, CZ

Motolské údolí Plzeňská — Vrchlického (S)
urbanistická studie
urban planning study
Praha 7 — Motol, CZ

Na Panenské (P)
rekonstrukce a dostavba bytového domu
renovation and extension of the apartment building
Praha 6 — Střešovice, CZ

Nová Cvernovka (C)
obytný soubor
residential complex
Bratislava, SK

Obytný komplex Vivus Kolbenova (C)
obytný soubor
residential complex
Praha 9, CZ

Půda Újezd (P)
rekonstrukce půdy
renovation of the attic space
Praha 1, CZ

Stará Boleslav (R)
rekonstrukce rodinného domu *renovation of the family house*
Stará Boleslav, CZ

Roosveltova (R)
rekonstrukce interiéru bytu
renovation of the flat interior
Praha 6 — Bubeneč, CZ

Rudolfinum Cheb (P)
bytový dům
apartment building
Cheb, CZ

Vánoční trhy Cheb (P)
vánoční tržiště
Christmas marketplace
Cheb, CZ

Bydlení Nad řekou (P)
obytný soubor a MŠ
residential complex and Kindergarten
Praha — Hodkovičky
33 262—263

Výhledy Luka (P)
bytové domy a apartmánový hotel
apartment buildings and apartment hotel
Praha 13, CZ

West Gate (S)
urbanistická studie pro polyfunkční zástavbu
urban planning study of multifunctional buildings
Brno — Starý Lískovec, CZ

2015

Chata Úsvit (R)
horský srub *log chalet*
Špindlerův Mlýn, CZ

Prototyp rodinného domu v Posázaví (R)
rodinný dům *family house*
Kamenná Lhota, CZ
43 406—455

Villa Troja (C)
rodinný dům *family house*
Praha 7 — Troja, CZ

Radlická (P)
polyfunkční kancelářská budova *multifunctional office building*
Praha 5 — Radlice
34 264—269

Čakovice (P)
obytný soubor
residential complex
Praha — Čakovice, CZ

Suchdol (P)
rodinný dům *family house*
Praha — Suchdol, CZ

Pod Hády (C)
koncept obytného souboru
concept of residential complex
Brno, CZ

Vidoule Factory / Meopta (P)
konverze průmyslového objektu v bytový dům
conversion of the industrial building into the livable apartment block
Praha 5 — Košíře, CZ

Expozice relikviáře sv. Maura (C)
návrh výstavy
design of exhibition
Bečov nad Teplou, CZ

Centrum Karlovy Vary (S)
územní studie
planning study
Karlovy Vary, CZ

Řadovky Skanska (C)
typy řadových rodinných domů *family terraced houses types*
Praha, CZ

Letňany (S)
ověřovací studie — zastavovací plán *feasibility study — layout plan*
Praha 18 — Letňany, CZ

Modřanský háj (R)
obytný soubor
residential complex
Praha 12 — Modřany, CZ

Vily Chuchle (R)
soubor vilových domů
villas complex
Praha 5 — Velká Chuchle, CZ

Na Usedlosti (R)
činžovní vila *apartment villa*
Praha 4 — Braník, CZ

Rozvětvený dům (R)
rodinný dům *family house*
Lysá nad Labem, CZ
18 148—153

RDM (S)
rodinný dům *family house*
Říčany u Prahy, CZ

2014

Vila RIII (P)
rodinný dům *family house*
Praha 6 — Hanspaulka, CZ

Lávka (S)
studie lávky
study of a skywalk
Karlovy Vary, CZ

Tumba (C)
funerální architektura — systém náhrobků *design of the system of the tomb's*
Praha, CZ

Bořislavka KKCG (C)
interiér kancelářské budovy
interior of an office building
Praha 6 — Bořislavka, CZ

Bradenton (P)
rodinný dům *family house*
Bradenton — Florida, USA

Bazén Březová (P)
přístavba rodinného domu
extension of a family house
Karlovy Vary — Březová, CZ

Palmovka Park II (R)
interiér centrály Metrostavu
Metrostav Headquarters interiors
Praha 8 — Libeň, CZ

Tartan House (P)
bytový dům
apartment building
Praha 12 — Kamýk, CZ

Milánská (P)
bytový dům
apartment building
Praha 15 — Horní Měcholupy, CZ

Nekázanka (P)
rekonstrukce a nástavba kancelářské budovy
renovation and rooftop addition to an office building
Praha 1 — Nové Město, CZ

Pařížská (P)
interiér bytu
interior of the apartment
Praha 1 — Staré Město, CZ

Přednádraží Cheb (S)
urbanistická studie
urban study
Cheb, CZ

P+M (S)
rodinný dům *family house*
Karlovy Vary, CZ

Rejman Logistics (R)
logistický areál *logistic area*
Cheb, CZ

Staropramenná (C)
bytový dům
apartment building
Praha 5, CZ

Ummagumma House (R)
rodinný dům *family house*
Karlovy Vary, Stará Role, CZ
12 80—97

Buďánka (P)
revitalizace dělnické osady
revitalization of workers' settlements
Praha 5 — Smíchov, CZ

Apartmán Medvědín (R)
interiér *interior*
Špindlerův Mlýn, CZ

SmíchOFF/ON (S)
urbanistická vize
urban vision
Praha 5 — Smíchov, CZ

Tělocvična Duhovka (C)
nástavba tělocvičny na střeše základní školy *extension of the gym on the roof*
Praha 6 — Břevnov, CZ

Ženské domovy (P)
polyfunkční bytový dům
multifunctional apartment building
Praha 5 — Smíchov, CZ

(P) — projekt *project* (S) — studie *study* (R) — realizace *realization* (C) — soutěž *competition*

2013

Edifice Office (P)
interiér kancelářské budovy
interior of an office building
Praha 1, CZ

Gymnázium Duhovka (P)
adaptace školní budovy
upgrading of the school building
Praha 7 — Holešovice, CZ

Městský mobiliář Cheb (S)
manuál městského mobiliáře
street furniture design manual
Cheb, CZ

Byt Můstek (P)
interiér bytu
interior of the apartment
Praha 1 — Nové Město, CZ

Břevnov (R)
rodinný dům *family house*
Praha 6 — Břevnov, CZ

U rybníka (P)
rodinný dům *family house*
Praha 6 — Liboc, CZ

Red Bull (R)
rekonstrukce interiéru
renovation of the interior
Praha 6 — Hanspaulka, CZ

BOMTON Sarasota (P)
rekonstrukce kadeřnictví
renovation of the hair salon
Sarasota — Florida, USA

Siesta Key (P)
koncept bytového domu
concept of an apartment building
Siesta Key — Florida, USA

Šibanov (R)
dostavba a rekonstrukce statku *extension and renovation of the farmhouse*
Poběžovice, CZ

Špitálský vrch (C)
urbanistická studie městské čtvrti *urban planning study of urban district*
Cheb, CZ

Park Libá (R)
veřejný prostor *public space*
Libá, CZ

Waltrovka (C)
obytný soubor
residential complex
Praha 5 — Jinonice, CZ

XYZ (C)
obytný soubor
residential complex
Praha 4 — Pankrác, CZ

2012

Sezame, otevři se! (S)
nákupní a zábavní centrum
shopping and entertainment center
Barka, Omán

Bydlení v lese (S)
konverze bývalého vojenského areálu *conversion of an army premises into a residential village*
Omice, CZ
02 18—23

ČS Olbrachtova (C)
úprava veřejného prostoru
renovation of public spaces
Praha 4 — Budějovická, CZ

Bazén Cheb (S)
městský bazén
municipal pool
Cheb, CZ
42 392—405

Dalovice (P)
rodinný dům *family house*
Karlovy Vary — Dalovice, CZ

Malovanka (R)
interiér bytu
interior of the apartment
Praha 6 — Břevnov, CZ

Matějská (P)
rekonstrukce rodinného domu
renovation of a family house
Praha 6 — Hanspaulka, CZ

Vila na Barrandově (P)
rodinný dům *family house*
Praha 5 — Barrandov, CZ

Vratislavice (S)
urbanistická vize obytného souboru *urban planning vision of residential complex*
Vratislavice nad Nisou, CZ

U Bažantnice (R)
rekonstrukce rodinného domu
renovation of a family house
Praha — Velká Chuchle, CZ

Slovany (C)
polyfunkční dům
multifunctional building
Bratislava, SK
19 154—159

Horská chata v Krkonoších (R)
horský srub *log chalet*
Špindlerův Mlýn, CZ

Hotel Apollo (P)
rekonstrukce hotelového komplexu *renovation of the hotel complex*
Mariánské Lázně, CZ

Jeremenkova (C)
bytový dům
apartment building
Praha 4 — Braník, CZ

Porto (C)
obytný soubor
s adminstrativou *residential complex with office's*
Praha 8 — Rohanský ostrov, CZ

Roztoky (R)
rekonstrukce interiéru rodinného domu
renovation of the family house interior
Roztoky u Prahy, CZ

Řepčice (P)
rekonstrukce a dostavba rodinného domu *renovation and extension of a family house*
Řepčice, CZ

Tašovice (P)
rodinný dům *family house*
Tašovice — Karlovy Vary, CZ

U dubu (P)
rodinný dům *family house*
Praha 4, CZ

Statek Miškovice (P)
ověřovací studie
feasibility study
Praha — Miškovice, CZ

Villa Park Strahov — interiér A131 (P)
interiér bytu
interior of the apartment
Praha 6 — Strahov, CZ
2012 (P)

2011

Radnice pro Prahu 5 (P)
přestavba a dostavba radnice *rebuilding and extension of Town Hall*
Praha 5 — Smíchov, CZ

Náměstí 14. října (S)
ověřovací urbanistická studie *feasibility urban planning study*
Praha 5 — Smíchov, CZ
37 276—283

Portheimka a Zahrada umění (S)
ověřovací urbanistická studie *feasibility urban planning study*
Praha 5 — Smíchov, CZ

Hrobka (R)
rodinná hrobka *family tomb*
Praha 5 — Velká Chuchle, CZ

Radniční blok v Chebu (P)
dostavba radnice
extension of Town Hall
Cheb, CZ

Branické náměstí (S)
vize *vision*
Praha 4 — Braník, CZ

Centrum technického vzdělání Ostrov (R)
přestavba střední průmyslové školy
rebuilding of the secondary technical school
Ostrov, CZ

ČEZ objekt D3 (R)
interiér kancelářské budovy
interior of an office building
Praha 4 — Michle, CZ

DarkOff (C)
modernizace lázeňského komplexu *modernization of the spa complex*
Lázně Darkov, CZ
10 70—75

ZK Dušek (R)
přestavba interiéru
rebuilding of the interior
Cheb, CZ

BOMTON Jalta (P)
rekonstrukce interiéru kadeřnictví *renovation of the hairdresser's interior*
Praha 1 — Nové Město

Klientské centrum Jelínek (C)
firemní centrum
corporate center
Praha 1 — Malá Strana, CZ

Klamovka (C)
polyfunkční dům
multifunctional building
Praha 5 — Košíře, CZ

Terasy Slezská (P)
obytný soubor
residential complex
Ostrava, CZ
06 40—45

Prampouch (C)
obnovení spojovací chodby kláštera *restoration of the connecting corridor of the monastery*
Klatovy, CZ

Triplex (R)
obytný soubor
residential complex
Karlovy Vary, CZ
26 206—211

U Dubu (R)
rodinný dům *family house*
Praha 4 — Braník, CZ

Strašnice (C)
bytový dům
apartment building
Praha 10 — Strašnice, CZ

Územní plán Cheb (S)
územní plán — analýza
land use plan — analysis
Cheb, CZ

Bytový dům „Z" – byt Z78 (P)
interiér bytu
interior of the apartment
Praha 5, CZ

2010

Šeberák – projekt alternativa (P)
plovoucí rodinné domy
floating family houses
Praha 11 – Šeberák, CZ
16 140–145

AED 20 let (R)
návrh expozice pro galerii GJF *exhibition design for gallery GJF*
Praha, CZ

Blok 39 (C)
univerzitní Centrum vědy a kampus *University Science Center and Campus*
Beograd, Serbia
17 146–147

Bienále (C)
návrh expozice českého pavilonu *exhibition design for the Czech pavilion*
Venice – Giardini, IT

Campus České spořitelny (P)
kancelářská budova
office building
Praha 5 – Smíchov, CZ

Florida (P)
pobřežní vila *beach house*
Florida, USA

Holešovická tržnice (C)
rekonstrukce tržnice
renovation of the marketplace
Praha 7 – Holešovice, CZ

Kavčí Hory (P)
bytový dům
apartment building
Praha 4 – Kavčí Hory, CZ

Vily Chuchle D031 (R)
rodinný dům *family house*
Praha – Velká Chuchle

Nová Valcha (S)
územní studie
planning study
Plzeň, CZ

Černičná (P)
rodinný dům *family house*
Praha 14 – Černičná, CZ

Nad Mlynářkou (P)
rodinný dům *family house*
Praha 5 – Smíchov, CZ

Územní plán Libá (P)
územní plán *land use plan*
Libá, CZ

Pasienky (S)
urbanistická koncepční studie
urban planning concept
Bratislava, SK

Pěší zóna Cheb (R)
rekonstrukce městského bulváru *reconstruction of the city boulevard*
Cheb, CZ
03 24–25

Územní plán Pomezí (S)
územní plán – doplňující průzkumy *land use plan – additional surveys*
Pomezí nad Ohří, CZ

Zámecký dvůr Vinoř (P)
obytný soubor
residential complex
Praha – Vinoř, CZ

Villa Park Strahov – spojení vil F1+F2 (C)
villa *villa*
Praha 6 – Strahov, CZ

Mistrovská (P)
rodinný dům *family house*
Praha, CZ

2009

Smíchovské nádraží (S)
územní studie – změna územního plánu
planning study – change of land use plan
Praha 5, CZ

Aboard City (C)
přeměna nákladní lodi na bydlení *conversion of cargo ship into housing*
Praha 5 – Smíchov, CZ
13 98–103

BOMTON Mánesova (P)
rekonstrukce interiéru kadeřnictví *renovation of the hairdresser's interior*
Praha 1 – Nové Město, CZ

Centrální park Chomutov (S)
urbanistická studie
urban planning study
Chomutov, CZ

Citadela (C)
obytný soubor
residential complex
Košice, SK

DBK atrium (P)
renovace atria
atrium renovation
Praha 4 – Budějovická, CZ

Horní Počernice (R)
interiér bytu
interior of the apartment
Praha – Horní Počernice, CZ

Kampa (P)
rekonstrukce interiéru bytu
renovation of the flat interior
Praha 1 – Malá Strana, CZ

Lipenský dvůr (C)
multifunkční dům
multifunctional building
Lipno nad Vltavou, CZ

Michle (P)
bytový dům
apartment building
Praha – Michle, CZ

Mrakodrap Karlín (S)
ověřovací studie výškové stavby v Praze *feasibility study of skyscraper in Prague*
Praha 8 – Karlín, CZ

Myšák (R)
interiér bytu
interior of the apartment
Praha 1 – Nové Město, CZ

Goethova (R)
rekonstrukce rodinného domu *renovation of a family house*
Cheb, CZ

Mrázovka (P)
rodinný dům *family house*
Praha 5, CZ

Piešťany (S)
urbanistická studie
urban planning study
Piešťany, SK
07 46–47

AMICA (R)
rozšíření kapacity LDN
extension of the capacity for the long-term sickness hospital
Cheb, CZ

PBS Plzeň (P)
konverze kancelářské budovy na bytový dům
conversion of office building to apartment building
Plzeň, CZ

SPARK*stadt (S)
urbanistická studie
urban planning study
Bratislava, SK

Statek Libá (P)
rekonstrukce statku
renovation of the farmhouse
Libá, CZ

Terasy Unhošť (R)
soubor rodinných domů
a complex of single-family houses
Praha – Unhošť, CZ

2008

X_City (C)
zábavní centrum
entertainment center
Venezia – Jesolo, IT

A69 REMIXy, Berlín (R)
výstava ateliéru
atelier exhibition
Berlin, DE

EAN House (C)
polyfunkční bytový dům
multifunctional apartment building
Bratislava, SK
2008

Vila Chuchle (R)
rodinný dům *family house*
Praha – Velká Chuchle, CZ

Chuchle 442 (P)
rodinný dům *family house*
Praha – Velká Chuchle, CZ

Hotel Olomouc (P)
vize hotelu *hotel vision*
Olomouc, CZ

Háje (P)
soubor staveb
complex of buildings
Praha 11 – Háje, CZ

Central Park Praha (R)
obytný soubor
residential complex
Praha 3 – Žižkov, CZ
38 284–365

Dýšina (P)
školící středisko
training center
Dýšina, CZ

Měcholupy (R)
přístavba rodinného domu
extension of a family house
Praha – Měcholupy, CZ

Na Knížecí (C)
polyfunkční dům
multifunctional building
Praha 5 – Smíchov, CZ

Na Šalamounce (P)
bytový dům
apartment building
Praha 5, CZ

Vyšehrad (R)
přístavba bytového domu
extension of the apartment building
Praha, CZ

Zámek Štědrá (S)
námět na využití chátrajícího zámku *the idea of using the dilapidated castle*
Štědrá, CZ
39 366–373

2007

A69 REMIXy, Bratislava (R)
výstava ateliéru
atelier exhibition
Bratislava, SK

Bra138 (R)
rekonstrukce bytového domu *reconstruction of the apartment building*
Praha 4, Braník

(P) – projekt *project* (S) – studie *study* (R) – realizace *realization* (C) – soutěž *competition*

Chateau Mcely (P)
wellness park *wellness park*
Zámek Mcely, CZ
04 26—33

Na Kavčích Horách (P)
bytové domy
apartment buildings
Praha 4 — Kavčí Hory, CZ

Křesťanská akademie CEE (P)
centrum křesťanského vzdělávání *center for Christian education*
Martin, SK
09 56—69

Obora (S)
koncept obytného souboru
concept of residential complex
Poznaň, PL

Na Pramenech (P)
urbanistický projekt centra Zličína *urban project of Zličín center*
Praha 5 — Zličín, CZ
30 248—251

Nové Stodůlky (P)
polyfunkční soubor
multifunctional complex
Praha 13 — Stodůlky, CZ

Plzeň — Jižní město (C)
urbanistická studie
urban planning study
Plzeň, CZ
40 374—381

2006

A69 REMIXy, Cheb (R)
výstava ateliéru
atelier exhibition
Cheb, CZ

A69 REMIXy, Praha (R)
výstava ateliéru — premiéra
premiere of the exhibition
Praha, CZ

Dům EggO (R)
rodinný dům *family house*
Praha 3 — Jarov, CZ

Hotel na Národní třídě (C)
hotel *hotel*
Praha 1 — Nové Město, CZ

Areál West Gate (P)
soubor polyfunkčních staveb
multifunctional apartment buildings
Praha — Nové Butovice, CZ

Rezidence Kavalírka (P)
obytný soubor
residential complex
Praha 5 — Kavalírka, CZ
36 272—275

Květinková (R)
rodinný dům *family house*
Praha 3 — Jarov

Přístavba sanatoria Dr. Petáka (R)
rozšíření balneo sanatoria
extension of the spa sanatorium
Františkovy Lázně, CZ

Klostermannova (R)
rodinný dům *family house*
Františkovy Lázně, CZ

ICCS Klientské centrum (C)
návrh bankovního centra
design of bank centre
Praha 1 — Nové Město, CZ

2005

Baarova (C)
bytový dům
apartment building
Praha 4 — Michle, CZ
11 76—79

Neptun (P)
prodejna lodí a yacht club
boat shop and yacht club
Praha 5 — Smíchov, CZ

Vily Hanspaulka (P)
rodinné vily *family villas*
Praha 6 — Hanspaulka, CZ

Villa Park Strahov — interiér D141 (R)
interiér bytu
interior of the apartment
Praha 6 — Strahov, CZ

Villa Lea (R)
rodinný dům *family house*
Františkovy Lázně, CZ

2004

Dům Plot (R)
rodinný dům *family house*
Cheb, CZ
08 48—55

Villa Park Strahov — interiér A132 (R)
interiér bytu
interior of the apartment
Praha 6 — Strahov, CZ

Villa Park Strahov — interiér B02 (R)
interiér bytu
interior of the apartment
Praha 6 — Strahov, CZ

Villa Park Strahov — interiér D241 (R)
interiér bytu
interior of the apartment
Praha 6 — Strahov, CZ

Cartellieriho pramen (P)
pavilon *pavillon*
Františkovy Lázně, CZ

Čapkova (P)
interiér bytu
interior of the apartment
Cheb, CZ

Kunratický zámeček (S)
revitalizace areálu
revitalization of the castle grounds
Praha — Kunratice, CZ

Libčeves (P)
přeměna zříceniny tvrze v obecní akropoli
conversion of the fortress ruins to the city acropolis
Libčeves, CZ
14 104—111

Národní 11 (P)
rekonstrukce a přístavba lázeňského hotelu
renovation and extension of spa hotel
Františkovy Lázně, CZ

Palič (R)
rekonstrukce venkovského statku *renovation of the cottage*
Palič, CZ

Dobřichovice (R)
přístavba rodinného domu
extension of a family house
Dobřichovice, CZ

Růžový kopeček (P)
interiér bytu
interior of the apartment
Cheb, CZ

Sanatorium H (P)
lázeňský hotel *spa hotel*
Františkovy Lázně, CZ

2003

Villa Park Strahov (R)
obytný soubor
residential complex
Praha 6 — Strahov, CZ
15 112—139

Lipence (R)
rodinný dům *family house*
Praha — Lipence, CZ

VŠUP (C)
univerzitní kampus
university campus
Praha 8 — Ďáblice, CZ
31 252—257

Coventry (P)
rekonstrukce lázeňského hotelu
renovation of the spa hotel
Františkovy Lázně, CZ

Dům Extrude (P)
rodinný dům *family house*
Františkovy Lázně, CZ

Hotel Ingo (P)
hotel *hotel*
Františkovy Lázně, CZ

Podskalská 16 (P)
nástavba bytového domu
extension of the apartment building
Praha 2 — Nové Město, CZ

2002

Balneo Labe (R)
balneo provoz hotelu
spa treatment department in hotel
Františkovy Lázně, CZ

Na Vyhlídce (P)
bytový dům
apartment building
Karlovy Vary, CZ

Obytný soubor Bubeneč (P)
obytný soubor
residential complex
Praha 6 — Bubeneč, CZ

Česká (R)
rekonstrukce rodinného domu
renovation of a family house
Františkovy Lázně, CZ

XY (C)
obytný soubor
residential complex
Praha 5 — Smíchov, CZ
25 200—205

Hotely Fr. L. (S)
urbanistická vize rozvoje území *urban vision of area development*
Františkovy Lázně, CZ

Bytový dům „Z“ (P)
obytný soubor
apartment building
Praha 5 — Smíchov, CZ

2001

Park Egrensis (S)
studie proveditelnosti
feasibility study
Cheb, CZ
32 258—261

Lázeňský dům Pawlik (P)
dostavba lázeňského hotelu
extension of the spa hotel
Františkovy Lázně, CZ

Nová Praha (P)
rekonstrukce lázeňského hotelu *renovation of the spa hotel*
Františkovy Lázně, CZ

Atletická (P)
obytný soubor
residential complex
Praha 5 — Strahov, CZ
21 166—185

Černošice (P)
rodinný dům *family house*
Praha, Černošice, CZ

Nezvalova (R)
rodinný dům *family house*
Františkovy Lázně, CZ
01 17

Studie revitalizace Pohří (S)
urbanistická vize
urban vision
Cheb, CZ
28 220—231

Valdštejnova 8 (R)
rekonstrukce činžovního domu s obchodním parterem *renovation of an apartment house with a commercial parterre*
Cheb, CZ

Sanatorium Dr. Peták (R)
balneo sanatorium
spa sanatorium
Františkovy Lázně, CZ
29 232—247

Krásná Lípa (P)
landartový projekt zaniklé obce *landart project of the extinct village*
Cheb, CZ

Zátiší (S)
obytný soubor
residential complex
Františkovy Lázně, CZ
20 160—165

2000

Galerie G4 (P)
dostavba galerie
extension of the gallery
Cheb, CZ
23 192—193

Hazlov (P)
rekonstrukce továrny
factory renovation
Hazlov, CZ

Kolonáda Františkovy Lázně (P)
rekonstrukce lázeňské kolonády *renovation of the spa colonnade*
Františkovy Lázně, CZ

Dolní Lomany (P)
obytný soubor
residential complex
Františkovy Lázně, CZ

Modrý věžák (R)
konverze výškového domu na studentské koleje
high-rise house to student dormitory converse
Cheb, CZ

Nádražní (R)
interiér bytu
interior of the apartment
Františkovy Lázně, CZ

U Hráze (P)
bytový dům
apartment building
Praha, CZ
35 270—271

Valdštejnova 6 (P)
rekonstrukce činžovního domu *renovation of an apartment house*
Cheb, CZ

1999

V Lipách (R)
rekonstrukce rodinného domu *renovation of a family house*
Cheb, CZ

Elektrárna Tisová (P)
interiér hlavního dispečinku a vedení společnosti *interior of the main control room and company management*
Tisová, CZ

1998

Spojovací chodba Hotelu Pawlik (R)
spojovací koridor
connecting corridor
Františkovy Lázně, CZ
24 194—199

Obchodní dům Elektra (R)
dostavba a rekonstrukce obchodního domu
department store renovation and extension
Cheb, CZ

Anglická ulice (R)
rekonstrukce parteru ulice a design těles veřejného osvětlení *street parterre reconstruction and street lighting design*
Františkovy Lázně, CZ
22 186—191

Obchodní dům CHEBANA (R)
rekonstrukce komerčního objektu *renovation of commercial building*
Cheb, CZ

1996

Dům s ok(n)em (P)
rodinný dům *family house*
Františkovy Lázně, CZ
27 212—219

Jablonec nad Nisou (S)
urbanistická studie
urban planning study
Jablonec nad Nisou, CZ

Modrý věžák (P)
rekonstrukce panelového domu *renovation of prefabricated house*
Cheb, CZ

ZUŠ (R)
přístavba umělecké školy
extension of art school
Františkovy Lázně, CZ

1995

Kolárova (R)
rekonstrukce činžovního domu *renovation of the apartment building*
Františkovy Lázně, CZ

Zahradní (R)
rekonstrukce rodinného domu *renovation of a family house*
Františkovy Lázně, CZ

Velká Hleďsebe (R)
rodinný dům *family house*
Velká Hleďsebe, CZ

1994

Třebeň (S)
urbanistická studie
urban planning study
Třebeň, CZ

Rybářská bašta (R)
přístavba výletní restaurace
extnsion of the cruise restaurant
Františkovy Lázně, CZ

Zastávka (P)
autobusová zastávka
BUS stop
Františkovy Lázně, CZ

Motorest (P)
rekonstrukce hotelu
renovation of the hotel
Františkovy Lázně, CZ

Mýto (P)
mýtná budka *the toll booth*
Františkovy Lázně, CZ

Prodejna skla (R)
interiér *shop interior*
Františkovy Lázně, CZ

Lidé 1994—2019

Jolana Amazouz Moravcová
Tomáš Amtmann
Šárka Andrlová
Dragan Bekič
Lukáš Balvín
Lukáš Brom
Zuzana Bartasová (Urbancová)
Tomáš Bárta
Markéta Beránková Hanušová
Petr Brožek
Tomáš Císař
Andrea Čapková
Vítězslav Danda
Lucie Delongová
Martin Fornůsek
Adam Gebrian
Roman Gogor
Barbora Havrlová
Kateřina Hejná
Richard Héger
Erik Hocke
Klára Horzinková
Iveta Chitovová
Pavel Jahelka
Petr Janda
Martin Kalhous
Roman Klimeš
Lukáš Komín
Barbora Kopečná (Vlčková)
Karolína Koubová
Jakub Krčmář
Jiří Král
Tereza Kupková
Tomáš Koňařík
Kristýna Lhotská
Jitka Macáková
Roman Macko
Kristina Magasaniková (Loskotová)
Lenka Mašková (Englišová)
Pavla Matějka Enochová
Cyril Nešleha
Jiří Neuvirt
Marija Nikolič
Michal Nohejl
Martina Novotná
David Poloch
Martin Plevný
Miroslav Petrtýl
Michal Pokorný
Lukáš Pinkava
Jana Rájková (Boháčová)
Boris Redčenkov
Jan Rosický
Linda Slachová (Hekrlová)
Jan Srna
Matěj Šišolák
Alice Šmídová
Ondřej Štička
Prokop Tomášek
Jitka Trachtová (Škovránková)
Pavel Vávra
Tomáš Vávra
Petr Veleba
Miroslav Veselý
Martin Vybíral
Jaroslav Wertig

(P) — projekt *project* (S) — studie *study* (R) — realizace *realization* (C) — soutěž *competition*

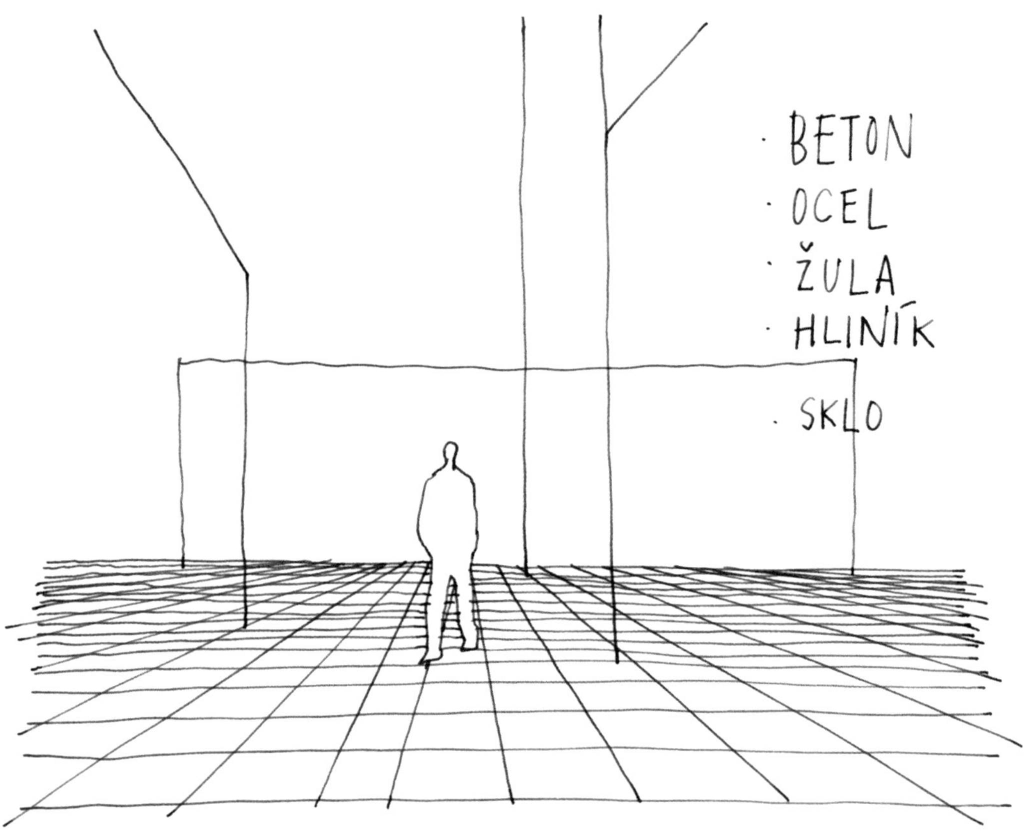
· BETON
· OCEL
· ŽULA
· HLINÍK
· SKLO

BENETTON

A69 RUČNÍ PRÁCE HANDWORK

Ilustrace / Illustrations by

Prokop Tomášek, A69

Grafická úprava / Graphic design by

Tomáš Machek, Side2

Text / Text by

Petr Volf

Překlad / Translanted by

George Komrower

Reprodukce / Reproduction

Radek Typovský

Předtisková příprava / Pre-press by

Kristian Počta, Side2

Tisk / Printed by

Tiskárna Protisk, České Budějovice

Vydal / Published by

Karel Kerlický — KANT Praha, 2019

www.kant-books.cz

ISBN 978-80-7437-292-6